Bien dit! 3

Cahier de vocabulaire et grammaire

HOLT McDOUGAL

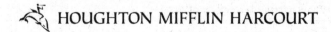

HOUGHTON MIFFLIN HARCOURT

Contributing writer
Elizabeth Baird

Reviewer
Christine Schiller

Table of Contents

Retour de vacances

1 Choisis le mot qui complète la phrase.

_____ 1. J'aime bien monter à _____.
  a. basket   b. cheval   c. skate

_____ 2. Ma _____ préférée, c'est le français.
  a. sport   b. lycée   c. matière

_____ 3. Est-ce que tu aimes _____ les magasins?
  a. faire   b. aller   c. jouer

_____ 4. Mon frère joue de la _____.
  a. basket   b. guitare   c. photo

_____ 5. Je parle avec mes amis pendant la _____.
  a. récréation   b. cours   c. matière

_____ 6. Les élèves font _____ chez eux le soir.
  a. les magasins   b. leurs devoirs   c. rien

2 Complète les phrases avec les mots de la boîte.

au CDI	au laboratoire	à la salle d'informatique
à la cantine	au gymnase	en classe de maths

1. On peut jouer au basket _____

2. Si vous voulez utiliser un ordinateur, allez _____

3. Nous faisons des expériences de chimie _____

4. Pour emprunter des livres, je vais _____

5. Pour apprendre l'algèbre, les élèves vont _____

6. À midi, nous déjeunons _____

3 Décide si chaque phrase est vraie **(v)** ou fausse **(f)**.

_____ 1. La sculpture et la peinture sont des arts plastiques.

_____ 2. On fait souvent ses devoirs au cinéma.

_____ 3. Pour faire de la vidéo amateur, on utilise un caméscope.

_____ 4. Le gymnase, c'est un sport.

_____ 5. Le conseiller d'éducation enseigne la biologie.

_____ 6. Un étudiant qui suit beaucoup de cours a un emploi du temps chargé.

4 Mets le dialogue suivant en ordre logique.

> —Alors, si tu suivais un cours de géométrie?
> —Oui, j'aime bien la chimie, mais je préfère les maths.
> —Bonne idée!
> —Je n'en sais rien. Je n'arrive pas à me décider.
> —Tu aimes les sciences?

Le conseiller Qu'est-ce que tu veux suivre comme cours l'année prochaine?

L'élève _____

Le conseiller _____

L'élève _____

Le conseiller _____

L'élève _____

5 Complète chaque phrase selon ce que tu aimes.

1. Je déteste _____

2. J'adore _____

3. J'aime bien _____

4. …mais je préfère _____

5. Ce que j'aime comme sport, c'est _____

6. Ma matière préférée, c'est _____

6 Dis ce que tu penses des choses suivantes.

1. (regarder un film d'horreur) _____

2. (faire tes devoirs) _____

3. (le cours d'anglais) _____

4. (faire de la photo) _____

5. (utiliser un ordinateur) _____

6. (aller au cinéma) _____

VOCABULAIRE 2   CHAPITRE **1**

7 Encercle le mot qui ne va pas avec les autres.

1. conseiller	professeur	CDI	élève
2. livres	magasins	magazines	romans
3. chimie	biologie	gymnase	physique
4. détester	adorer	aimer	préférer
5. anglais	informatique	français	espagnol
6. cours	matière	classe	ordinateur
7. école	cinéma	lycée	université
8. restaurant	cantine	café	laboratoire
9. sculpture	échecs	peinture	arts plastiques
10. faire de la photo	faire de la vidéo	monter à cheval	aller au cinéma

8 Décide si les deux expressions sont semblables **(s)** (*similar*) ou différentes **(d).**

_____ 1. Je n'ai rien à faire.

   J'ai un emploi du temps chargé.

_____ 2. J'aime bien les sciences.

   Ma matière préférée, c'est la physique.

_____ 3. D'accord.

   Désolé.

_____ 4. J'ai une idée.

   Je n'en sais rien.

_____ 5. Je suis mes cours.

   Je suis au lycée.

_____ 6. Je n'ai pas le temps.

   Je suis occupé.

3   Cahier de vocabulaire et grammaire

Retour de vacances

Present tense of regular verbs and negation

• Use the **present** to say that something happens, does happen or is happening.

Je parle français.   *I speak (do speak, am speaking) French.*

• Form the **present** by replacing the infinitive endings with present tense endings

-er verbs:	-e	-es	-e	-ons	-ez	-ent
-re verbs:	-s	-s	-	-ons	-ez	-ent
-ir verbs:	-is	-is	-it	-issons	-issez	-issent

• Make a sentence **negative** by placing **ne (n')** before the conjugated verb and **pas** after it.

J'arrive en retard.   Je **n'**arrive **pas** en retard.

---

9 Complète chaque phrase avec la forme correcte du présent du verbe entre parenthèses.

1. Mes copains et moi, nous _____ nos devoirs. (finir)

2. J' _____ ma sœur après les cours. (attendre)

3. Est-ce que vous _____? (grossir)

4. Tu ne _____ pas très bien. (chanter)

5. Elle _____ toujours la bonne réponse. (choisir)

6. Nous _____ aux questions. (répondre)

7. Mon frère _____ toujours ses devoirs. (perdre)

8. Vous _____ aux échecs. (jouer)

10 Récris chaque phrase de façon négative.

MODÈLE Tu regardes le film. **Tu ne regardes pas le film.**

1. Rana et moi, nous travaillons beaucoup.

   _____

2. J'aime aller au cinéma.

   _____

3. Mon professeur d'anglais parle français.

   _____

GRAMMAIRE 1 CHAPITRE **1**

Present tense of irregular verbs

- Not every verb follows the regular pattern for present tense. The forms of these **irregular verbs** must be memorized.
- Some common irregular verbs you have learned are: **avoir** (to have), **être** (to be), **aller** (to go), **faire** (to make/to do), **prendre** (to take) and **venir** (to come).
- When memorizing an irregular verb, remember that some of its forms may be regular.

aller	nous allons, vous allez
faire	je fais, tu fais
prendre	je prends, tu prends, il prend

---

11 Choisis le verbe qui complète chaque phrase.

_____ 1. Tu _____ le bus.

_____ 2. Nous _____ au lycée.

_____ 3. Vous _____ de la photo.

_____ 4. Je/J' _____ une guitare.

_____ 5. Elle _____ en classe de géo.

_____ 6. Ils _____ chez moi aujourd'hui.

a. viennent
b. prends
c. va
d. sommes
e. ai
f. faites

12 Complète chaque phrase avec la forme correcte du présent du verbe entre parenthèses.

1. Les garçons _____ du skate. (faire)

2. Je _____ intelligente. (être)

3. Est-ce que tu _____ un cours préféré? (avoir)

4. Nous _____ le métro pour aller au lycée. (prendre)

5. Il ne _____ pas au cinéma avec nous. (venir)

6. Tes cousins _____ en vacances cet été? (aller)

7. Vous _____ sympas. (être)

8. Ils _____ cours le jeudi? (avoir)

9. Est-ce que tes copains _____ le bus? (prendre)

10. Vous _____ du sport? (faire)

Verbs followed by an infinitive

- Some verbs in French may be followed directly by an infinitive. Three such verbs are **devoir**, **pouvoir** and **vouloir**.

  Je dois étudier.   **Il peut réussir.**   **Nous voulons répondre.**

  I must study.   *He can succeed.*   *We want to answer.*

- The verb **aller** followed by an infinitive expresses an action that is *going* to happen in the near future.

  Je vais voyager en Europe.   *I am **going to** travel to Europe.*

- The verb **venir** followed by **de** and an infinitive expresses an action that *just* happened in the recent past.

  Je viens de téléphoner à mon ami.   *I **just** called my friend.*

---

13 Récris la phrase en utilisant le verbe entre parenthèses.

MODÈLE Il entre à l'université. (devoir) **Il doit entrer à l'université.**

1. Le conseiller d'éducation aide les élèves avec leurs horaires. (pouvoir)

   _____

2. Je suis un cours d'histoire-géo. (vouloir)

   _____

3. Mes copains font de la vidéo amateur. (venir de)

   _____

4. Vous êtes professeur d'informatique. (aller)

   _____

5. Nous choisissons les meilleurs cours. (devoir)

   _____

14 Réponds aux questions suivantes avec des phrases complètes.

1. Quel cours dois-tu suivre? Pourquoi?

   _____

   _____

2. Qu'est-ce que tu fais avec tes copains après les cours?

   _____

   _____

Retour de vacances

15 Choisis le mot qui va avec la description.

mamie	la lotion anti-moustiques	le soir
rendre visite à	tous les deux jours	la campagne

1. Ce qui nous protège des insectes _____

2. Ce qu'un enfant appelle sa grand-mère _____

3. Le lundi, le mercredi et le vendredi _____

4. Le contraire de la ville _____

5. Passer du temps chez quelqu'un _____

6. Période entre l'après-midi et la nuit _____

16 Choisis les expressions qui complètent les phrases suivantes.

1. On écrit des _____ aux copains quand on est en
   _____. (Canada / cartes postales / vacances / romans)

2. Un campeur met ses provisions dans un _____ et de
   l'eau dans une _____.
   (gourde / sac à dos / cantine / sac de couchage)

3. On va au bord de la _____ pour faire de la
   _____ à voile. (planche / campagne / mer / natation)

4. On attrape les poissons avec une _____ quand on va à
   la _____. (feu / pêche / canne / magasin)

5. Pour faire de la _____, on va à la
   _____.
   (hôtel / montagne / randonnée / demi-pension)

17 Lis la définition et utilise les lettres données pour former le mot de vocabulaire.

Définition	Lettres	Mot de vocabulaire
1. Sept jours	miesena	
2. Habitent dans l'eau	sopsions	
3. Moment où on revient	trouer	
4. Quand on ne travaille pas	cesacavn	
5. Les Alpes et les Pyrénées	tangenoms	

7

VOCABULAIRE 2   CHAPITRE **1**

18 Cherche et encercle les mots: **attrape, bord, camping, Canada, canne, demi-pension, gourde, pêche, quand, randonnée, tente, vacances.** Les lettres qui restent formeront un message secret.

```
V A C A N C E S J E P
A S T A S D E R E A I
C M E É N N O D N A R
A E N S V A R A C A E
M N T C E U D C S H B
P C E H O Q A A C E O
I Z M G A N T Ê A N R
N O I S N E P I M E D
G T E E P A R T T A
```

Le message secret: _____

19 Écris le nom de chaque activité de la boîte sous le nom de l'endroit où on la pratique d'habitude.

| le ski | la planche à voile | les pique-niques |
| le camping | la randonnée | la natation |

À la montagne	Au bord de la mer	À la campagne

20 Choisis la phrase de la boîte à droite qui complète chaque phrase à gauche.

_____ 1. Nicolas est parti...

_____ 2. Quand il faisait beau,...

_____ 3. Nous nous sommes baignés...

_____ 4. À mon retour,...

_____ 5. Tu as rendu...

_____ 6. Il y avait...

_____ 7. C'était une chambre d'hôtel...

> a. tous les jours.
> b. beaucoup de monde.
> c. en vacances.
> d. on allait à la plage.
> e. je vous téléphonerai.
> f. visite à ton ami.
> g. en pension complète.

VOCABULAIRE 2 CHAPITRE **1**

21 Décide si les deux expressions sont semblables (**s**) (*similar*) ou différentes (**d**).

_____ 1. J'ai fait de la randonnée.

Je me suis promené dans les montagnes.

_____ 2. On allait à la plage.

On allait au bord de la mer.

_____ 3. C'était génial.

Je l'ai détesté.

_____ 4. Il y avait beaucoup de monde à la plage.

Tout le monde se baignait.

22 Complète la carte d'une manière logique en utilisant les mots de la boîte.

gourde	retour	vacances
monde	chaussures	rappelaient
génial	emprunté	

Chère Éloïse,

C'était (1) _____ mes

(2) _____ au Canada! On faisait de la

randonnée tous les jours. Heureusement, j'avais

(3) _____ les (4) _____ et

la (5) _____ de ma sœur. Les montagnes me (6)

_____ les Alpes. Il y avait beaucoup de (7)

_____ qui faisait du ski. J'ai pris beaucoup de

photos que je te montrerai à mon (8) _____.

Grosses bises,

Julie

Retour de vacances

Passé Composé

- Use the **passé composé** to say that something happened, did happen or has happened in the past.

  Il **a joué** au basket.   *He played (did play, has played) basketball.*

- Form the **passé composé** with a **helping verb** (present tense of **avoir** or **être**) followed by a **past participle.**

- Form **regular participles** by replacing the infinitive ending with:

  -é (-er verbs)   **-u** (-re verbs)   **-i** (-ir verbs)

- Many verbs have **irregular past participles.**

- Most verbs take **avoir** as their helping verb. However, verbs dealing with a change of location (**aller, venir, arriver, entrer, monter, rentrer**, etc.) take **être.**

- Past participles agree in number and gender with

  -the **subject** of the sentence when the verb is conjugated with **être**

  or

  -the **direct object** of the sentence if it <u>precedes</u> the verb.

---

23 Fais des phrases au passé composé.

MODÈLE (parler italien / vous) **Vous avez parlé italien.**

1. (déjeuner à midi / je) _____

2. (aller au lycée / elles) _____

3. (voir le film / je) _____

4. (entendre la chanson / ils) _____

5. (avoir un accident / nous) _____

6. (prendre l'avion / tu) _____

24 Récris les phrases suivantes au passé composé.

1. Je pars au lycée à 8 heures. _____

2. Nous avons cours de français à 9 heures. _____

3. Je joue au tennis. _____

4. Tu fais de la vidéo amateur. _____

5. Vous prenez l'avion pour aller à Paris. _____

6. Ils font du camping. _____

Passé Composé and Imparfait

- Use the **passé composé** to talk about actions completed at a specific time in the past.
- Use the **imparfait** to talk about ongoing or habitual actions in the past. It is used to tell what **was happening** or what **used to happen.**
- Use the **imparfait** to describe people, things or situations in the past. It tells what they **were like.**
- Use both tenses in the same sentence to say that an ongoing action (**imparfait**) was interrupted by a specific action (**passé composé).**

   Je **lisais** quand le téléphone **a sonné.**

   *I **was reading** when the telephone **rang.***

---

25 Choisis le passé composé ou l'imparfait pour compléter chaque phrase.

     1. Vous (êtes arrivé / arriviez) _____ à quatre heures.

     2. Ces gens (ont parlé / parlaient) _____ pendant tout le film.

     3. Il (a fait / faisait) _____ très froid au Canada cet hiver.

     4. Mon frère (est tombé / tombait) _____ de vélo.

     5. Mon ami (a eu / avait) _____ les cheveux blonds.

     6. Quand j'étais jeune, (j'ai passé / je passais) _____ chaque été chez mes grands-parents.

26 Écris un paragraphe pour raconter ce que tu as fait pendant tes dernières vacances.

_____

_____

_____

_____

_____

_____

_____

_____

_____

Reflexive verbs in the passé composé

- <u>All</u> verbs used reflexively take **être** as their helping verb.

  J'ai regardé le film.   *Je me suis regardé dans la glace.*

- As with other verbs, participles agree in number and gender with the direct object as long as it precedes the verb. Very often the reflexive pronoun **is** the direct object. Compare the following sentences:

  Elle s'est lav<u>ée</u>.   *Who or what did she wash? Herself.*

                                *Agreement with direct object **se**.*

- but

  Elle s'est lavé les mains.   *What did she wash? Her hands.*

                                Direct object does not precede the verb.

                                No agreement necessary.

---

27 Choisis la bonne réponse.

    MODÈLE Ma sœur s'est **<u>couchée</u>**.

           a. couché   b. couchée   c. coucher

    _____ 1. Ton frère _____ le chien.
           a. s'est lavé   b. a lavé   c. se sont lavés

    _____ 2. Elle s'est _____ dans la glace.
           a. regardé   b. regarder   c. regardée

    _____ 3. Nous nous _____ les cheveux.
           a. avons lavé   b. sommes lavés   c. sommes lavé

    _____ 4. Vous _____ levés tôt.
           a. vous êtes   b. avez   c. vous

    _____ 5. Les enfants se sont _____.
           a. endormi   b. endormis   c. endormie

    _____ 6. Ma voiture? Je l'ai _____.
           a. vendue   b. vendu   c. vendues

Le monde du travail

1 Lis la définition et utilise les lettres données pour former un mot de vocabulaire.

Définition	Lettres	Mot de vocabulaire
1. femme qui coupe les cheveux	fueocsief	
2. homme qui répare des voitures	cnéanimice	
3. homme qui fait des gâteaux	ispsieâtr	
4. femme qui soigne les animaux	rtéinraivée	
5. femme qui travaille dans une ferme	ceriarugltic	
6. homme qui vend des livres	rlriebia	

2 Choisis le métier ou la profession qui convient.

_____ 1. Un _____ doit être bilingue.

     a. agriculteur   b. interprète   c. marchand

_____ 2. Je voudrais être _____ d'opéra.

     a. chanteuse   b. avocat   c. serveuse

_____ 3. Le _____ fait des gâteaux.

     a. professeur   b. pâtissier   c. teinturier

_____ 4. Un _____ peut t'aider avec tes cours.

     a. mécanicien   b. plombier   c. tuteur

_____ 5. Un _____ nettoie les vêtements.

     a. pilote   b. teinturier   c. moniteur

3 Décide si chaque phrase est vraie (**v**) ou fausse (**f**).

_____ 1. Un informaticien utilise un ordinateur.

_____ 2. Un avocat travaille à l'hôpital.

_____ 3. Un plombier peut t'aider si tu as des problèmes d'électricité.

_____ 4. Un pilote voyage souvent à l'étranger.

_____ 5. Un serveur enseigne à l'université.

_____ 6. Je me fais couper les cheveux chez le couturier.

_____ 7. Un cuisinier travaille dans un restaurant.

4 Choisis le mot qui est synonyme ou qui a un sens similaire (*similar meaning*).

_____ 1. métier

_____ 2. chanteuse

_____ 3. moniteur

_____ 4. fermier

_____ 5. cuisinier

_____ 6. interprète

_____ 7. écrivain

_____ 8. médecin

a. agriculteur
b. professeur
c. traducteur
d. docteur
e. auteur
f. musicienne
g. chef
h. emploi

5 Qu'est-ce que tu dois faire dans les situations suivantes? Utilise les mots de la boîte.

plombier	couturier	teinturier
vétérinaire	journaliste	architecte

MODÈLE Je suis malade. (appeler) **Tu dois appeler le médecin.**

1. Les toilettes ne marchent pas. (appeler)

   _____

2. Je voudrais me faire faire une robe. (aller chez)

   _____

3. Ma chemise en soie doit être nettoyée. (aller chez)

   _____

4. J'aime les sciences et j'adore les animaux. (être)

   _____

5. Mon professeur d'anglais me dit que j'écris bien. (devenir)

   _____

6. Je suis fort en dessin. (être)

   _____

VOCABULAIRE 1   CHAPITRE **2**

6 Imagine que tu es conseiller d'orientation. Quel métier est-ce que tu peux conseiller à ces élèves?

1. Je suis patient et j'aime les enfants. _____

2. Je suis fort en biologie. _____

3. J'aime parler et j'aime les langues étrangères. _____

4. Je veux travailler de 9h à 5h. _____

5. J'aime les ordinateurs. J'en ai trois chez moi. _____

6. J'aime la nature et les animaux. _____

7. Je veux être riche. _____

8. Je chante bien. _____

7 Écris une question pour chaque réponse.

MODÈLE Où est-ce que vous travaillez? Je travaille dans un bureau.

1. _____

   J'ai l'intention d'aller à l'université.

2. _____

   Après le lycée, je voudrais devenir professeur de biologie.

3. _____

   Ça me plairait d'être mécanicien.

4. _____

   Je compte faire un stage informatique en France.

8 Complète chaque phrase de manière polie.

MODÈLE Aidez-moi. Si possible, j'aimerais que vous m'aidiez.

1. Allez au marché.

   Vous serait-il _____ au marché?

2. Appelez le dentiste.

   _____ ennuierait pas _____

3. Cherchez mes lunettes.

   Si possible, j'aimerais _____

The future

- Use **the future** to say that an action will happen sometime in the future.

    Nous travaillerons à l'hôpital.   *We **will** work at the hospital.*

- Form **the future** by adding future endings to the infinitive. For regular **-re** verbs, drop the **-e** before adding the ending.

- Future endings are the same for all verbs.

    -ai,   -as,   -a,   -ons,   -ez,   -ont

- Verbs that are irregular in the future tense have irregular stems. For example:

avoir → **aur-**	pouvoir → **pourr-**	venir → **viendr-**
aller → **ir-**	savoir→ **saur-**	voir → **verr-**
envoyer → **enverr-**	vouloir → **voudr-**	devoir → **devr-**
être → **ser-**	faire → **fer-**	recevoir → **recevr-**

- Verbs with spelling changes in present tense (**acheter, appeler, jeter, essayer**) keep those changes in the future tense.

    NOTE: • All future stems end in **-r.**

---

9 Complète chaque phrase avec le verbe qui convient de la boîte à droite.

_____ 1. Il _____ la réponse.

_____ 2. Je _____ tuteur.

_____ 3. Vous _____ être prof.

_____ 4. Tu _____ au lycée.

_____ 5. Nous _____ le film.

_____ 6. Ils _____ chez moi.

a. voudrez
b. verrons
c. saura
d. iras
e. serai
f. viendront

10 Complète chaque phrase avec la forme correcte du futur du verbe entre parenthèses.

1. Je _____ dans une agence de voyages. (travailler)

2. Vous _____ à vos examens. (réussir)

3. Est-ce que tu m' _____? (écrire)

4. Elles ne _____ pas leurs devoirs. (finir)

5. Lola _____ sa maison. (vendre)

6. Nous _____ les repas. (préparer)

7. Ma mère_____ le médecin. (appeler)

8. Tu _____ tard demain. (se lever)

GRAMMAIRE 1   CHAPITRE **2**

Feminine forms of nouns
- Sometimes masculine nouns referring to a person's job or profession are made feminine simply by changing the preceding article: **le** dentiste/**la** dentiste
- Occasionally, nouns of this type are made feminine by adding **-e** to the masculine form: un avocat / une avocat**e**
- Some other common patterns for masculine/feminine noun endings are:

    -ien/-ienne   **-eur/-euse**   **-teur/-trice**   **-er/-ère**   **-ier/-ière**
- Some nouns have their own special pattern:

    prince/princesse   **maître/maîtresse**
- Some nouns always remain in the masculine form, even when referring to women:

    un auteur   **un docteur**   **un écrivain**   **un professeur**

---

11 Choisis la terminaison correcte pour chaque métier ou profession.

-euse
-esse
-ière
-e
-eur
-aire
-ien
-ier
-ienne
-er
-rice

1. Monsieur Dupuis est mécanic_____.

2. Madame Adot est coutur_____.

3. Mon père est boulang_____.

4. Ton oncle est coiff_____.

5. Ma mère est act_____.

6. Ma sœur est avocat_____.

7. Bernard est pâtiss_____.

8. Julie est vétérin_____.

12 Récris chaque phrase en utilisant la forme féminine des métiers ou professions. N'oublie pas de changer le sujet si nécessaire.

1. C'est un pilote. _____

2. Il est informaticien. _____

3. Il est agriculteur. _____

4. C'est un libraire. _____

5. C'est un prince. _____

6. Il est avocat. _____

> **The verb *conduire***
> - **Conduire** is an irregular verb.
>
>   je **conduis**   nous **conduisons**
>   tu **conduis**   vous **conduisez**
>   il/elle/on **conduit**   ils/elles **conduisent**
>
> - The past participle is **conduit**.
> - The verbs **traduire** *(to translate)*, **construire** *(to build)*, and **produire** *(to produce)* are conjugated the same way.

13 Complète les phrases suivantes avec la forme correcte du verbe entre parenthèses.

1. Mon père _____ une voiture rouge. (conduire)

2. Je _____ des livres de l'anglais au français. (traduire)

3. Nous _____ une nouvelle maison. (construire)

4. Ils _____ des ordinateurs portables. (produire)

5. Vous _____ trop vite. (conduire)

6. Il _____ des textes en espagnol. (traduire)

14 Décris les images suivantes.

1.

1. _____

   _____

2.

2. _____

   _____

3.

3. _____

   _____

Le monde du travail

15 Décide si les deux expressions sont similaires (**s**) ou différentes (**d**).

_____ 1. La secrétaire décroche.
Ça ne répond pas.

_____ 2. J'ai été licencié.
J'ai été engagé.

_____ 3. Je vous la passe.
Je transfère l'appel.

_____ 4. Appelez plus tard.
Rappelez.

_____ 5. Il a un travail.
Il est au chômage.

_____ 6. On répond.
La ligne est occupée.

_____ 7. un entretien
un salaire

_____ 8. un stage
un travail à temps plein

16 Décide si chaque phrase vient d'une lettre destinée à un copain ou à une société.

	à un copain	à une société
MODÈLE Salut!	X	
1. En réponse à votre lettre du 28 mai...		
2. Grosses bises,		
3. Ça fait longtemps qu'on ne s'est pas vus!		
4. Je vous prie d'agréer, Madame, l'expression de mes sentiments distingués.		
5. Messieurs,		
6. Cher Martin,		
7. Veuillez trouver ci-joint mon curriculum vitæ.		
8. Voici des photos que j'ai prises.		

17 Modifie chaque phrase en remplaçant les mots *en italique* avec une expression de la boîte.

à temps partiel	à temps plein	mon curriculum vitæ
faire un stage	supplémentaires	le / la passe

1. Voici *la description de mes études et de mon expérience professionnelle.*

    _____

2. Je voudrais *travailler dans une compagnie pendant mes étude*s.

    _____

3. Un instant, s'il vous plaît. Je vous *laisse lui parler.*

    _____

4. J'ai un emploi *qui dure huit heures par jour, cinq jours par semaine.*

    _____

5. Ma sœur travaille *seulement trois jours par semaine.*

    _____

6. Il fait des heures *en plus des 40 heures qu'il travaille d'habitude.*

    _____

18 Remets cette conversation téléphonique en ordre logique.

> —C'est madame Favier.
>
> —Merci beaucoup.
>
> —Bonjour, est-ce que je pourrais parler à monsieur Laurent?
>
> —Un instant, madame. Je vous le passe.
>
> —C'est de la part de qui, s'il vous plaît?

Le secrétaire —Allô?

Mme Favier _____

Le secrétaire _____

Mme Favier _____

Le secrétaire _____

Mme Favier _____

19 Lis les petites annonces suivantes. Laquelle t'intéresse? Réponds à la petite annonce qui t'intéresse le plus en écrivant une lettre de motivation.

RESTAURANT recherche cuisiniers et pâtissiers qualifiés Expérience en cuisine Contacter le chef de cuisine BP3, 84009 Avignon	Recherche secrétaire bilingue français-espagnol. à mi-temps. Aucune expérience requise. Offre formation. Agence Thiers, 36, rue du Tertre, 49000 Angers
Informatique direct recherche ingénieur-informaticien, Bac + 5 Expérience un plus. Contacter M. Coulon, 87, bd Jean Jaurès, 44000 Nantes	L'Union européenne recrute traducteurs et interprètes débutants ou expérimentés. Envoyer votre CV et une lettre de motivation.

_____

_____

_____

_____

_____

_____

_____

_____

_____

_____

_____

_____

_____

_____

Le monde du travail

The future perfect

• Use the **future perfect** to say that one future event will precede another.

      future perfect   future

    Quand j'**aurai fini** mes études, je **deviendrai** médecin.

    *I **will become** a doctor when I **(will) have finished** my studies.*

• Form the **future perfect** exactly as you form the **passé composé**, but put the helping verb in the **future.**

    passé composé: Nous nous **sommes** lavés.

    future perfect: Nous nous **serons** lavés.

---

20 Complète les phrases suivantes avec la forme appropriée des verbes.

1. Quand tu _____ (auras fait / fera) tes devoirs, tu _____ (pourras / auras pu) aller au cinéma.

2. Elle _____ (aura été / sera) avocate quand elle _____ (aura réussi / réussira) ses examens.

3. Quand j'_____ (aurai fini / finirai) ma lettre de motivation, je l'_____ (aurai envoyée / enverrai).

4. Ils _____ (iront / seront allés) au café quand ils _____ (finiront / auront fini) de dîner.

5. Vous _____ (chercherez / aurez chercher) un travail, une fois que vous _____ (reviendrez / serez revenus) de vacances.

21 Écris chaque phrase en employant les éléments donnés.

1. tu / déjeuner / faire la vaisselle

    _____

2. vous / lire le roman / me le prêter

    _____

3. nous / arriver à Nice / te téléphoner

    _____

4. il / se lever / s' habiller

    _____

5. je / tondre la pelouse / faire une sieste

    _____

The present participles

- Form the **present participle** of a verb from the **nous** form of its present tense, by replacing the **-ons** ending with **-ant**.

  nous finissons → finissant   nous faisons → faisant

- There are only 3 verbs with **irregular present participles**:

  avoir → ayant   être → étant   savoir → sachant

- Use **en + present participle** to say:

  - that two actions occur simultaneously.

    J'écoute la radio en étudiant.   *I listen to the radio **while** studying.*

  - that one action is a result of the other.

    On apprend à skier en pratiquant.   *One learns to ski **by** practicing.*

- The **present participle** may be used **alone:**

  - to express the circumstances of an action.

    Elle marchait **tenant** la main de son fils.

  - in place of a relative clause (qui + verb).

    J'ai vu une femme **tenant (qui tenait)** la main de son fils.

  - as an adjective (agreeing in number and gender with the noun it modifies).

    C'est une idée **intéressante**.

---

22 Transforme les verbes suivants en adjectifs. Fais les changements nécessaires.

1. un livre _____(intéresser)   4. les enfants _____(obéir)

2. une fille _____(amuser)   5. les histoires _____(passionner)

3. le numéro _____ (gagner)   6. l'eau _____(courir)

23 Remplace les mots *en italique* par la forme correcte du participe présent.

MODÈLE C'est une histoire *qui amuse*. **C'est une histoire amusante.**

1. Les gens *qui veulent* maigrir doivent manger moins.

   _____

2. Elle chante *pendant qu'elle joue* de la guitare.

   _____

3. C'est un enfant *qui obéit*.

   _____

4. On devient riche *quand on travaille*.

   _____

The *conditionnel de politesse*

• You have used the conditional to tell what would happen if certain conditions were met.

      Il m'**aiderait** s'il avait le temps.   *He **would** help me if he had time.*

• You may also use the conditional of verbs such as **vouloi**r, **pouvoir** and **aimer** to make polite requests.

      Je veux partir.   *I want to leave.*

      Je voudrais partir.   *I would like to leave.*

---

24 Décide si chaque phrase est plus polie ou moins polie.

	Plus polie	Moins polie
MODÈLE Est-ce que je pourrais lui parler?	X	
1. Je veux une salade et un verre d'eau.		
2. Vous savez son numéro de téléphone?		
3. Te serait-il possible de m'aider?		
4. J'aimerais te rendre visite.		
5. Tu aurais un stylo à me prêter?		
6. Voulez-vous laisser un message?		

25 Récris chaque phrase d'une manière plus polie en employant le conditionnel.

1. Nous voulons faire un stage.

    _____

2. Pouvez-vous transférer l'appel?

    _____

3. Est-ce que tu sais si elle a reçu ma lettre?

    _____

4. Vous devez faire soigner votre chien.

    _____

Il était une fois...

1 Choisis l'expression qui a un sens opposé.

_____ 1. un géant

_____ 2. rester

_____ 3. lointain

_____ 4. jadis

_____ 5. la veille

> a. près
> b. se déplacer
> c. à l'avenir
> d. le lendemain
> e. un nain

2 Décide si les deux expressions sont similaires **(s)** ou différentes **(d)**.

_____ 1. héroïque

      maléfique

_____ 2. jadis

      autrefois

_____ 3. C'est un mystère.

      Nul ne sait.

_____ 4. apparaître

      disparaître

_____ 5. enchantée

      magique

_____ 6. l'intention

      le but

_____ 7. reculé

      facile à trouver

_____ 8. une tribu

      un groupe d'Indiens

_____ 9. On raconte.

      On dit.

_____ 10. un traître

      un héros

3 Décide si chaque phrase est vraie **(v)** ou fausse **(f)**.

_____ 1. Quand mon père se remarie, sa nouvelle femme est ma marraine.

_____ 2. Les ogres et les nains ont des pouvoirs magiques.

_____ 3. Les contes, les fables et les légendes sont des récits.

_____ 4. Chaque culture a ses propres contes et légendes.

_____ 5. «Abracadabra!» est une formule magique utilisée par un magicien.

_____ 6. Les contes et les légendes racontent les croyances locales d'il y a longtemps.

25   Cahier de vocabulaire et grammaire

4 Attribue un mot à chaque définition.

le génie	**le chevalier**	**le sorcier**
la fée	**la reine**	**le sultan**

1. Il habite dans une lampe magique. _____

2. Il tue les dragons avec son épée. _____

3. Il jette des sorts. _____

4. Elle utilise sa baguette pour faire de la magie. _____

5. Elle habite dans un palais avec son mari, le roi. _____

6. Il est souverain au Moyen-Orient. _____

7. Il accorde trois souhaits. _____

8. Il sauve la princesse prisonnière dans une tour. _____

5 Cherche et encercle la traduction française des mots suivants: **dwarfs, eve, enchanted, fairy, sword, genie, giant, long ago, queens, next day.** Les lettres qui restent formeront une morale.

```
T O F U R T E S V
É P É E E T B I E
T E E N I J Q U I
S N I A N A I F L
N I A M E D N E L
I N I É S I T B E
E I N É G S I E N
E N C H A N T É E
```

La morale est: _____

6 Complète chaque phrase avec un mot de la boîte.

fable	légende	morale	transforme
princesse	combat	fantôme	potion magique

1. La sorcière fit une _____ pour endormir la princesse.

2. La fée utilise sa baguette et _____ la citrouille *(pumpkin)* en carrosse.

3. Dans une _____, les personnages sont souvent des plantes ou des animaux personnifiés.

4. La fille du roi et de la reine, c'est une _____.

5. Le célèbre roman de Gaston Leroux raconte l'histoire du _____ de l'Opéra.

6. À la fin d'une fable, il y a toujours une leçon de conduite, appelée _____.

7. Le héros d'une _____ est souvent un personnage historique.

8. Le chevalier _____ les ennemis du roi.

7 Complète le conte avec les expressions de la boîte.

La veille	Il était une fois	Un an plus tard
Ils vécurent heureux	Le lendemain	Le temps passa

(1) _____ une jolie princesse qui aimait un

prince charmant. (2) _____ de leur

mariage, la princesse disparut. (3) _____

on la retrouva endormie dans la forêt. Une sorcière maléfique lui avait jeté un

sort. Personne ne put la réveiller.

(4) _____ et le prince commençait à se

désespérer. (5) _____, la princesse se

réveilla, grâce à sa fée marraine qui réussit à rompre *(to break)* le charme. Le

prince et la princesse se marièrent tout de suite.

(6) _____ et eurent beaucoup d'enfants.

Il était une fois...

The *passé simple*

- The **passé simple** is a past tense that is used primarily in historical and literary texts. It takes the place of the **passé composé** in such texts.
- Form **le passé simple** by replacing the infinitive endings with passé simple endings. Note that **-re** and **-ir** verbs take the same endings.

-er verbs:	-ai	-as	-a	-âmes	-âtes	-èrent
-re/-ir verbs:	-is	-is	-it	-îmes	-îtes	-irent

- Verbs that are irregular in the **passé simple** take one of two sets of endings that are often based on their past participle. (**mettre/mis**-group 1; **boire/bu**-group 2)

group 1	-is	-is	it	-îmes	-îtes	-irent
group 2	-us	-us	-ut	-ûmes	-ûtes	-urent

- Some common irregulars have their own particular stems, but use the group 1 or group 2 endings:

avoir → **eus**   être → **fus**   faire → **fis**

- The verb **venir** is completely irregular:

vins   vins   vint   vînmes   vîntes   vinrent

---

8 Donne **l'infinitif** des verbes au passé simple suivants.

1. Le prince et la princesse se marièrent. _____

2. La sorcière le transforma en grenouille. _____

3. Ils se demandèrent quoi faire. _____

4. Blanche Neige fut surprise par les sept nains. _____

5. Je me mis à manger. _____

6. Vous me fîtes peur! _____

9 Récris les phrases suivantes au passé composé.

1. Ils allèrent dans la forêt. _____

2. J'entendis quelqu'un chanter. _____

3. Nous réussîmes à tuer le géant. _____

4. Nous lûmes le message. _____

5. Ils vécurent heureux. _____

6. Tu fis un rêve bizarre. _____

Relative pronouns with *ce*

- The phrases **ce que**, **ce qui** and **ce dont** may all be translated as *"what"* meaning *"the thing(s) that."*

Tu sais **ce que** j'aime?   Do you know *what* I like?

Tu sais **ce qui** est arrivé?   Do you know *what* happened?

Tu sais **ce dont** j'ai besoin? Do you know *what* I need?

- Determine which phrase to use by its grammatical function in the sentence:

ce qui acts as the **subject** of the dependent clause and is followed by a verb.

Est-ce que vous savez **ce qui** est arrivé?

ce que (ce qu') acts as the **direct object** of the dependent clause and is followed by a subject+verb.

Je ne comprends pas **ce que** tu dis.

ce dont acts as the **object of the preposition** *de* and replaces it in the dependent clause.

Il me demande **ce dont** j'ai besoin.

---

10 Complète chaque phrase avec **ce que (ce qu')**, **ce qui**, ou **ce dont**.

1. Tu aimes _____ je t'ai donné comme cadeau?

2. Ne répète pas _____ elle t'a dit.

3. Il ne rend jamais _____ il emprunte.

4. _____ j'ai vu m'a beaucoup amusé!

5. Dis-nous _____ tu as envie.

6. Tout _____ brille *(to shine)* n'est pas or.

11 Combine les deux phrases pour en faire une. Suis le modèle.

    MODÈLE J'aime *la chose*. Tu as acheté *la chose*.
            J'aime ce que tu as acheté.

1. Il lit *la chose*. Nous avons écrit *la chose*.

_____

2. Je n'aime pas *la chose*. *La chose* se passe.

_____

3. Tu n'as pas compris *la chose*. Ils parlaient de *la chose*.

_____

Adjective placement and meaning
- You have learned that qualifying adjectives in French generally follow the nouns they modify, whereas quantifying adjectives generally precede them.

  Il a un tapis **volant**.   Nous avons fait **plusieurs** souhaits.

- The qualifying adjectives **bon, mauvais, joli, beau, jeune, vieux, grand*** and **petit** are exceptions and precede the nouns they modify.

- Some adjectives may go either before or after the noun, with a resulting change in meaning. Some examples are:

ancien	former/ancient	**grand**	great/tall or big*
certain	some/sure	**sale**	nasty/dirty
dernier	last/previous	**seul**	only/lonely
propre	own/clean	**vrai**	real/true
pauvre	poor (unfortunate)/poor (destitute)	**cher**	dear/expensive

  (***grand** = *tall, big* when placed **before** an inanimate object or **after** a person.)

12 Place les adjectifs correctement dans les phrases suivantes.

> **MODÈLE** Regarde cette _____ maison __blanche__ . (blanche)

1. Victor Hugo était un _____ auteur _____ français. (grand)

2. Le/L' _____ enfant _____ a perdu son chien. (pauvre)

3. J'ai vu mon _____ professeur _____ au marché. (ancien)

4. Décembre est le _____ mois _____ de l'année. (dernier)

5. Est-ce une légende ou une _____ histoire _____? (vraie)

6. Il a acheté une _____ voiture _____. (chère)

7. Va te laver! Tu as les _____ mains _____.(sales)

13 Complète chaque réponse en utilisant l'adjectif entre parenthèses.

> **MODÈLE** L'homme a de l'argent? (pauvre) Non, c'est **un homme pauvre.**

1. Tu as mon livre? (propre)

   Non, j'ai mon _____.

2. Tu as un autre frère? (seul)

   Non, Daniel est mon _____.

3. Cette maison est à vendre. (cher)

   Sans aucun doute, ce doit être une _____.

Il était une fois...

14 Choisis le synonyme ou l'expression qui a le même sens.

_____ 1. une nation

_____ 2. le début

_____ 3. la majorité

_____ 4. la liberté

_____ 5. avoir lieu

_____ 6. une guerre

_____ 7. un siècle

_____ 8. sans faire la guerre

a. le commencement
b. cent ans
c. un conflit
d. pacifiquement
e. l'indépendance
f. se passer
g. un pays
h. la plupart

15 Choisis l'expression qui a un sens opposé.

_____ 1. avant

_____ 2. commencement

_____ 3. se terminer

_____ 4. accord

_____ 5. déclarer la guerre

a. signer un accord
b. conflit
c. après
d. éclater
e. fin

16 Souligne le mot qui ne va pas avec les autres.

1. combat	guerre	cessez-le-feu	bataille
2. autonomie	coup d'état	conquête	invasion
3. colonie	territoire	victimes	protectorat
4. époque	mondiale	années	siècle
5. président	empereur	sultan	décolonisation
6. roi	royaume	explorateur	monarchie
7. rapporter	établir	déclarer	annoncer
8. avant	après	pendant	cependant
9. ennemis	autonomie	décolonisation	indépendance
10. Tunisie	Maroc	Algérie	Afrique

17 Complète chaque phrase logiquement.

_____ 1. Les explorateurs...

_____ 2. Les colonies...

_____ 3. Les armées...

_____ 4. Les conflits...

_____ 5. Les pays indépendants...

_____ 6. Les victimes...

> a. ont combattu.
> b. ont éclaté.
> c. sont mortes.
> d. voulaient leur indépendance.
> e. ont élu un président.
> f. ont établi des cartes géographiques.

18 Choisis un des deux mots entre parenthèses pour compléter chaque phrase.

La Révolution française commença en 1789. La France à cette

(1) _____ (époque / fois) était une

(2) _____ (monarchie / autonomie). Le 14 juillet,

(3) _____ (le peuple / les soldats) de Paris prit la Bastille, et

délivra ses prisonniers. Aujourd'hui, le 14 juillet, c'est (4) _____

(la fête nationale / la fête de l'indépendance) du pays.

Au XIXe (5) _____ (année / siècle), des

(6) _____ (explorateurs / empereurs) français partirent en

expédition en Afrique afin d' (7) _____ (établir / obtenir)

des cartes géographiques. Ils explorèrent la Tunisie, l'Algérie et

(8) _____ (la Martinique / le Maroc), les pays du Maghreb

qui devinrent des colonies françaises.

VOCABULAIRE 2 CHAPITRE **3**

19 Complète les phrases avec les mots de la boîte.

faits	**président**	**drapeau**
empereur	**ennemis**	**peuple**
déclaré	**rapporté**	**annoncé**

1. Abraham Lincoln était un grand _____ américain.

2. Napoléon Bonaparte était _____ de la France.

3. J'apprends les _____ historiques pour mon interro.

4. À la radio, on a _____ du beau temps pour demain.

5. À la télé, on a _____ un coup d'état au Moyen-Orient.

6. Le président a _____ la guerre.

7. Le _____ de la France est bleu, blanc et rouge.

8. On combat ses _____.

9. Le _____ a élu un nouveau président.

20 Numérote les événements historiques dans un ordre chronologique. Fais attention aux expressions de temps.

_____ Par la suite, en 1847, la colonisation française commença avec la conquête de l'Algérie.

_____ Après la guerre, à la fin des années cinquante, la plupart des colonies obtinrent leur autonomie.

_____ Au XIXe siècle, des explorateurs français allèrent en Afrique.

_____ L'indépendance de l'Algérie marqua la fin de la décolonisation française.

_____ Ce conflit se termina en 1962 avec l'indépendance de l'Algérie.

_____ Une fois que les colonies furent indépendantes, elles établirent un nouveau gouvernement.

_____ Plus tard, pendant la Seconde Guerre mondiale, des combats eurent lieu au Maghreb.

_____ Cependant, un conflit éclata entre la France et l'Algérie.

Il était une fois...

The past perfect

- Use the **past perfect** to say that one past event preceded another.
- Use the **past perfect** for the action that <u>occurred</u> first and **passé composé** for the action, which occurred <u>after</u> the first.

| **passé composé** | **past perfect** |

Quand je **suis arrivé** chez eux, ils **avaient** déjà **déjeuné**.

second action   first action

*When I **arrived** at their house, they had already **eaten lunch.***

- Form the **past perfect** exactly as you form the **passé composé** (a **helping verb** of **avoir** or **être** followed by a **past participle**), but put the helping verb in the **imparfait**.

   passé composé: Ils se sont regardés.

   past perfect: Ils s'étaient regardés.

NOTE: The word **déjà** is sometimes added to the sentence to emphasize that the action in the **past perfect** had *already* happened.

---

21 Complète chaque phrase avec le **plus-que-parfait** du verbe entre parenthèses.

1. Quand on a signé l'accord, les combats _____ déjà

   _____. (cesser)

2. Avant la guerre, cette colonie _____ déjà

   _____ son autonomie. (obtenir)

3. Quand les explorateurs sont arrivés, les Indiens _____

   déjà _____ une civilisation très

   avancée. (établir)

22 Complète chaque phrase avec le **plus-que-parfait** du verbe entre parenthèses.

1. (rater) Hier je suis arrivé en retard au lycée parce que

   j' _____ le bus.

2. (perdre) Sa petite sœur pleurait parce qu'elle

   _____ sa poupée.

3. (arriver) Ton ami s'est fâché parce que tu

   _____ en retard.

4. (oublier) Elle était triste parce que nous

   _____ son anniversaire.

5. (aller) Mon mari et moi, nous avons manqué ce programme de télévision

   parce que nous _____ au restaurant.

Sequence of tenses in indirect discourse

• Use **indirect discourse** to tell what a person says or said.

The tense of the verb in the dependent clause must correspond correctly to the tense of the verb in the main clause. This is referred to as **sequence of tenses**.

The following chart demonstrates sequences that may occur:

Main clause		Dependent clause	
Present	**Il dit...**	Present	**qu'il le fait**
		Future	**qu'il le fera**
		Passé composé	**qu'il a fini**
		Imperfect	**qu'il finissait**
Passé composé	**Il a dit...**	Imperfect	**qu'il finissait**
		Conditional	**qu'il finirait**
		Past perfect	**qu'il avait finit**

---

23 Change chaque phrase en discours indirect. Fais attention aux temps des verbes.

MODÈLE Je veux y aller.   Elle dit **qu'elle veut y aller**

1. J'ai faim.

   Il dit _____

2. Nous partirons en vacances.

   Ils disent _____ _____

3. J'ai lu ce roman il y a très longtemps.

   Tu dis _____

4. Nous avons étudié pendant toute la nuit.

   Ils ont dit _____

5. Je leur parlerai de nos projets.

   J'ai dit _____

6. Le président prendra sa retraite à la fin de l'année.

   Le président a annoncé_____

The past infinitive

- Use the **past infinitive** to say that one action occurred before another.

   Present infinitive:

   Il est content de t'**aider**.   *He is happy **to help** you today.*

   Past infinitive:

   Il est content de t'**avoir aidé**.   *He is happy **to have helped** you.*

- Form the **past infinitive** by using the **infinitive** of the appropriate helping verb (**avoir** or **être**) followed by the **past participle** of the main verb.

- All rules of past participle agreement apply.

   Après s'être lev**ée,** elle a fait le lit.

---

24 Combine les deux phrases en suivant le modèle.

   MODÈLE J'ai pris une douche. Ensuite, je me suis couchée.
   Je me suis couchée après avoir pris une douche.

   1. J'ai lu le poème. Ensuite, je l'ai expliqué à mon ami.

   _____

   2. Nous avons vu le film. Ensuite, nous en avons discuté.

   _____

   3. Elles sont allées au musée. Ensuite, elles sont rentrées chez elles.

   _____

   4. Tu as entendu les nouvelles *(news)*. Ensuite, tu as téléphoné à ta sœur.

   _____

25 Combine les deux phrases en suivant le modèle.

   MODÈLE Elle est désolée. Elle a perdu son chien.
   Elle est désolée d'avoir perdu son chien.

   1. Je suis enchanté. J'ai fait sa connaissance.

   _____

   2. Il regrette. Il s'est réveillé si tard.

   _____

   3. Elle s'excuse. Elle a oublié ses devoirs.

   _____

Amours et amitiés

1 Choisis le mot qui NE PEUT PAS compléter la phrase.

_____ 1. Je l'ai _____ au café.

     a. revu   b. rencontré   c. fâché

_____ 2. Elle était _____ quand je lui ai parlé.

     a. ensemble   b. vexée   c. déçue

_____ 3. Ils se sont _____.

     a. disputés   b. parlé   c. échangé

_____ 4. Tu le crois?   —Pas _____.

     a. surtout   b. nécessairement   c. possible

_____ 5. _____ qu'ils se sont réconciliés?

     a. Tu savais   b. D'après toi   c. Tu as entendu dire

_____ 6. Nous nous _____.

     a. allons   b. énervons   c. quittons

2 Décide si les deux expressions sont semblables (**s**) ou différentes (**d**).

_____ 1. se disputer / se réconcilier

_____ 2. heureux / de bonne humeur

_____ 3. indifférent / inquiet

_____ 4. calme / gêné

_____ 5. tomber amoureux / rompre

_____ 6. ensemble / seul

3 Choisis le synonyme ou l'expression qui a un sens semblable.

_____ 1. déçu

_____ 2. vexé

_____ 3. se donner rendez-vous

_____ 4. à ton avis

_____ 5. à ta place

_____ 6. c'est pas vrai

_____ 7. raconte

a. fâché
b. dis-moi
c. pas possible
d. si j'avais été toi
e. se retrouver
f. triste
g. d'après toi

VOCABULAIRE 1

4 Complète les phrases avec les expressions de la boîte.

devine	coup de foudre	cybercafé
humeur	malheureusement	ensemble

1. _____, ils vont divorcer.

2. Je n'ai pas d'ordinateur chez moi. Pour envoyer des e-mails, je vais souvent au _____.

3. Ils sont tombés amoureux la première fois qu'ils se sont vus. C'était le _____!

4. Elle ne me dit pas ses secrets. Il faut que je les _____.

5. On ne peut pas les séparer! Ils sont toujours _____.

6. Les élèves n'aiment pas le professeur d'anglais parce qu'il est toujours de mauvaise _____.

5 Donne la réaction probable de Bernard aux situations suivantes. Utilise les mots de vocabulaire: **déçu, fâché, gêné, indifférent, inquiet,** ou **vexé.**

MODÈLE Son ami a critiqué ses idées. **Il est vexé.**

1. Il est tombé devant la classe. _____

2. Il voulait faire un pique-nique, mais il pleut. _____

3. Les autres élèves sont méchants avec lui. _____

4. Son chien est malade. _____

5. Quelqu'un porte le même style de jean que lui. _____

6. Ses parents ne le laissent pas sortir. _____

7. Il n'a pas étudié pour son interro. _____

8. Son meilleur ami a oublié son anniversaire. _____

6 Choisis l'expression de la boîte qui complète chaque phrase à gauche.

_____ 1. J'ai entendu...

_____ 2. Je n'en ai pas...

_____ 3. Tu ferais...

_____ 4. Devine...

_____ 5. Qu'est-ce que...

_____ 6. Nous nous sommes...

a. dire qu'ils se sont réconciliés.
b. mieux de l'oublier.
c. la moindre idée.
d. donné rendez-vous.
e. ce que j'ai vu.
f. tu en penses?

7 Utilise les phrases des boîtes pour créer un dialogue.

Ahmed	Youssef
—Figure-toi que je pense inviter Yasmina au cinéma ce soir.	—Pas nécessairement. Mais, à ta place, je ne lui téléphonerais pas tout de suite.
—J'ai entendu dire que Khaled et Yasmina se sont quittés.	—Raconte!
—Hé Youssef! Devine ce qui est arrivé.	—Tu ferais mieux d'attendre un peu.
—Pourquoi? À ton avis, ils vont se réconcilier?	—Pas possible!

Ahmed   _____

Youssef   _____

Ahmed   _____

Youssef   _____

Ahmed   _____

Youssef   _____

Ahmed   _____

Youssef   _____

8 Numérote les phrases dans un ordre logique.

_____ Mais un jour Théo et Lili se sont disputés.

_____ Théo et Lili se sont rencontrés chez des amis.

_____ Ils se sont parlé tous les jours.

_____ Théo a beaucoup regretté leur dispute.

_____ Ils se sont quittés très fâchés.

_____ Il a téléphoné à Lili pour s'excuser et ils se sont réconciliés.

_____ Ils ont échangé leurs numéros de téléphone.

_____ Ils sont tombés amoureux.

_____ Ils ne se sont pas vus pendant un mois.

Amours et amitiés

Reciprocal verbs

- Use the **plural forms** (nous, vous, ils, elles) of **reflexive verbs** to say that people do things to or for **each other**. These are called **reciprocal verbs.**

    Ils se parlent.   *They talk (are talking) to each other.*

- Reciprocals are simply reflexive verbs with a different meaning:

    They require a reflexive pronoun (nous, vous, se).

    They take **être** as their helping verb in the **passé composé.**

    They require agreement of the past participle <u>only</u> if the reflexive pronoun acts as the direct object of the sentence.

- Sometimes context is the only way to tell if a verb is being used as a reflexive or as a reciprocal.

    Nous nous lavons les mains.   Most logically a reflexive
                                       We wash our (own) hands.

    Nous nous parlons.   Most logically a reciprocal
                                       We talk to each other.

---

9 Décide si le verbe est **réfléchi** ou **réciproque.**

	Réfléchi	Réciproque
1. Tu te coupes les cheveux.		
2. Vous vous téléphonez souvent.		
3. Nous nous sommes rendu visite.		
4. Il se sont rencontrés au cybercafé.		
5. Ils se sont brossé les dents.		

10 Combine les deux phrases pour en faire une en suivant le modèle.

MODÈLE Je t'aime. Tu m'aimes.   **Nous nous aimons.**

   1. Elle le regarde. Il la regarde. _____

   2. Ton ami te parle. Tu parles à ton ami. _____

   3. Je le rencontre. Il me rencontre. _____

   4. Tu as vu ton oncle. Il t'a vu. _____

The past conditional

- Use the **past conditional** to say that something **would have happened** in the past if certain conditions had been satisfied.
- Use the **past perfect** in the "if-clause" and the **past conditional** in the result clause.

    S'il **avait fait** beau, nous **serions allés** au parc.

- Form the **past conditional** exactly like the **passé composé,** but put the helping verb in the **conditional**.

    Elle a parlé.   Elle est arrivée.   Elle s'est baignée.

    Elle **aurait** parlé...   Elle **serait** arrivée...   Elle se **serait** baignée...

---

11 Complète chaque phrase avec la forme correcte du **conditionnel passé** du verbe entre parenthèses.

1. Si j'avais été toi, j'_____ la même chose. (dire)

2. Si tu avais été à ma place, qu'est-ce que tu _____.
   (faire)

3. À ta place, elle _____ chez lui. (aller)

4. À ta place, nous _____ le bus. (prendre)

5. À ta place, il _____ plus tôt. (venir)

6. Si vous aviez été à notre place, est-ce que vous _____?
   (se réconcilier)

7. Si j'avais été toi, j'_____ gêné. (être)

12 Écris chaque phrase en employant l'information donnée. Suis le modèle.

MODÈLE Je / manger / ne pas avoir faim
          Si j'avais mangé, je n'aurais pas eu faim.

1. Tu / étudier / réussir ton interro

   _____

2. Nous / demander / savoir la réponse

   _____

3. Elle / avoir le temps / se laver les cheveux

   _____

4. Il / savoir la vérité / rompre avec elle

   _____

The verbs *manquer* and *plaire*

• Although they express the ideas of missing someone (**manquer**) and liking someone or something (**plaire**), these verbs do not actually mean *to miss* and *to like*. Use **manquer à** to say that a person is missed by someone and **plaire à** to say that a person or thing is liked by someone.

• Use indirect object pronouns with both of these verbs.

  Tu lui manques.   Nous leur manquons.   Ils me plaisent.

• Note the word order of the French sentence compared to its English translation.

  Tu leur manques.   *They miss you. (You are missed by them.)*

  Ils me plaisent.   *I like them. (They are liked by me.)*

13 Récris la phrase en utilisant le verbe **manquer**.

   MODÈLE Il est parti et je voudrais le voir.   **Il me manque**.

   1. Tu es parti et nous voudrions te voir. _____

   2. Vous êtes partis et elle voudrait vous voir. _____

   3. Nous sommes partis et ils voudraient nous voir. _____

   4. Je suis parti et tu voudrais me voir. _____

   5. Elles sont parties et vous voudriez les voir. _____

   6. Ses parents sont partis et il voudrait les voir. _____

   7. Ma meilleure amie est partie et je voudrais la voir. _____

   8. Je suis parti et mon frère voudrait me voir. _____

14 Récris chaque phrase en utilisant le verbe **plaire.**

   MODÈLE J'aime ce livre.   **Ce livre me plaît.**

   1. J'aime ces films. _____

   2. Vous aimez ce garçon. _____

   3. Ils aiment leurs profs. _____

   4. Tu aimes la robe bleue. _____

   5. Nous aimons le bracelet. _____

   6. Elle aime ces fleurs. _____

Amours et amitiés

15 Choisis le mot qui complète chaque phrase.

album	**apprentissage**	**célibataire**
emprunt	**installés**	**jumeaux**
malade	**orphelin**	**retraite**

1. Pour apprendre son métier, mon frère a fait un _____.

2. Mes cousins sont des vrais _____.

3. Je mets les photos de ma famille dans un _____.

4. Mon grand-père a pris sa _____ à soixante ans.

5. Je ne veux pas me marier. Je veux rester _____.

6. Mon oncle et ma tante ont adopté un _____.

7. Le pauvre est tombé _____ et maintenant il est à l'hôpital.

8. Je vais faire un _____ à la banque pour acheter une nouvelle voiture de sport.

9. Nos voisins ont déménagé et ils se sont _____ à Paris.

16 Choisis le mot ou l'expression qui complète la phrase.

1. Je voudrais vous faire part de mes sincères _____.

    a. bonheur   b. condoléances   c. veuves

2. _____, je ne peux pas te prêter l'argent dont tu as besoin.

    a. Félicitations   b. Je suis ravie   c. Malheureusement

3. Il n'a pas trouvé de travail et _____.

    a. toi non plus   b. plein de choses   c. rien de spécial

4. Je pense poser ma _____ pour ce poste.

    a. retraite   b. travail   c. candidature

5. Ça fait _____ qu'on ne s'est pas vus!

    a. longtemps   b. bonheur   c. lorsque

6. _____ il a eu vingt ans, il s'est marié.

    a. Lorsqu'   b. Pendant   c. À propos

17 Lis la définition et utilise les lettres données pour former le mot de vocabulaire.

Définition	Lettres	Mot de vocabulaire
1. une femme dont le mari est mort	uveve	
2. quand	sroleuq	
3. jeunesse	fencena	
4. un enfant sans parents	plerhion	
5. emploi	vartila	
6. très contentes	sarvie	
7. souhaits	exovu	

18 Choisis la réponse la plus logique de la boîte à droite.

_____ 1. Quoi de neuf?

_____ 2. Tu n'as pas changé!

_____ 3. Comment va ton ami?

_____ 4. Nous nous sommes mariés.

_____ 5. Ma grand-mère est morte.

_____ 6. Pourquoi avez-vous déménagé?

_____ 7. Avez-vous des enfants?

a. Félicitations!
b. Nous avons eu des jumelles.
c. Je ne le vois plus.
d. Je ne me plaisais pas ici.
e. Toi non plus.
f. Mes sincères condoléances.
g. Rien de spécial.

19 Réponds aux questions suivantes.

1. Où es-tu né(e)?

_____

2. Est-ce que ta famille a déménagé récemment?

_____

3. As-tu vécu dans un autre pays?

_____

4. Est-ce qu'il y a des jumeaux dans ta famille?

_____

20 Finis de numéroter les phrases dans l'ordre chronologique.

_____ Après l'école, mon père a trouvé du travail dans un bureau.

__7__ C'était le coup de foudre.

_____ Il a passé son enfance en France.

_____ Ils se sont mariés tout de suite.

__1__ Mon père est né à Paris.

_____ Là, il a rencontré une fille qui travaillait comme secrétaire.

_____ Lorsqu'il avait dix ans, ses parents ont décidé de déménager.

__9__ Ils ont eu deux enfants, mon frère et moi.

_____ Il est mort et ma mère est restée veuve.

_____ À soixante-cinq ans mon père a pris sa retraite.

_____ L'année dernière, mon père est tombé malade.

__11__ Ma mère et lui ont profité de leur temps libre pour voyager partout aux
États-Unis.

__4__ Ils se sont installés à New York.

21 Complète les phrases de la conversation de manière logique.

Florence   Salut, Alice! (1) _____longtemps qu'on ne
s'est pas parlé.

Alice   Oui, trop longtemps! Quoi (2) _____?

Florence   Oh, rien de spécial. Et toi?

Alice   Moi, (3) _____choses. Tu sais que
je me suis mariée l'année dernière?

Florence   Vraiment? Tous mes (4) _____!

Alice   Merci. Et en plus, je viens d'avoir des jumeaux.

Florence   (5) _____!

Alice   À (6) _____, comment vont tes parents?

Florence   Ma mère va bien, mais, (7) _____, mon père
est mort il y a six mois.

Alice   Toutes mes sincères (8) _____.

The subjonctif

- Form the **subjunctive** of regular verbs by replacing the **-ent** ending of the **ils/elles** form of present tense with the **subjunctive** endings. The set of endings is the same for **-er**, **-re**, and **-ir** verbs.

    -e   -es   -e   -ions -iez -ent

- Verbs that have different stems for **ils/elles** and **nous/vous** in the present tense, (**prendre, devoir, voir, venir, boire, etc.**) will use their **nous/vous** stem for **nous** and **vous** in the **subjunctive,** and their **ils/elles** stem for all other forms.

Present	**prendre:** nous pre**n**ons / ils pre**nn**ent
Subjunctive	pre**nn**e, pre**nn**es, pre**nn**e, prenions, preniez, pre**nn**ent
Present	**devoir:** nous d**e**vons / ils d**oi**vent
Subjunctive	d**oi**ve, d**oi**ves, d**oi**ve, devions, deviez, d**oi**vent

- **Aller, faire, être** and **avoir** are all irregular in the **subjunctive. Aller** and **faire** take regular endings, **être** and **avoir** do not.

aller:	aille, ailles, aille, allions, alliez, aillent
faire:	fasse, fasses, fasse, fassions, fassiez, fassent
avoir:	aie, aies, ait, ayons, ayez, aient
être:	sois, sois, soit, soyons, soyez, soient

---

22 Écris l'infinitif de chaque verbe au subjonctif souligné dans la phrase.

1. Il faut que j'<u>aille</u> chez lui. _____

2. Je veux qu'il <u>fasse</u> ses devoirs. _____

3. Il est important que vous <u>buviez</u> votre lait. _____

4. Tu veux que nous <u>prenions</u> le train. _____

5. Il faut que vous <u>soyez</u> à l'heure. _____

6. Je souhaite qu'ils <u>aient</u> plus de devoirs. _____

23 Écris le subjonctif de chaque verbe entre parenthèses.

1. (demander) Il faut que vous _____ cela au professeur.

2. (grossir) Il ne faut pas que tu _____ .

3. (rendre) Il faut qu'elle me _____ cet argent!

4. (voir) Il est essentiel que nous _____ ce film!

5. (écrire) C'est dommage qu'ils _____ si mal.

6. (dire) Tu veux que je _____ la vérité?

The subjunctive with necessity, desire, and emotion

• Use the **subjunctive** in a dependent clause when the main clause contains an expression of necessity, desire or emotion.

NECESSITY:	Il faut que...	Il est essentiel que...
	Il faudrait que...	Il est nécessaire que...
	Il est important que...	Il vaudrait mieux que ...
DESIRE:	Je désire que...	Je souhaite que...
	Je veux que...	Je voudrais que...
EMOTION:	Je suis désolé(e) que...	C'est dommage que...
	Je suis ravi(e) que...	Je suis content(e) que...

• Both clauses must have a different subject. If there is no change of subject, an infinitive construction is used instead.

Je suis content que tu sois ici.   *I am happy that **you** are here.*

Je suis content d'être ici.   *I am happy to be here (that **I** am here).*

---

24 Combine les deux phrases pour en faire une en suivant le modèle.

MODÈLE Tu me rends visite. Je suis ravie.

Je suis ravie que tu me rendes visite.

1. Vous jouez avec votre frère. Nous sommes contents.

_____

2. Il ne vient pas avec nous. C'est dommage.

_____

3. Mon ami a la grippe. Je suis désolé.

_____

25 Combine les éléments pour en faire une phrase en suivant le modèle.

MODÈLE Tu / vouloir / nous / te parler. **Tu veux que nous te parlions.**

1. Nous / souhaiter / tu / aller mieux

_____

2. Maman / désirer / ses enfants / être sages

_____

3. Il / être essentiel / nous / se préparer

_____

Disjunctive Pronouns

- Disjunctive pronouns are sometimes called stress pronouns. They refer to people and are used in the following situations:

-after prepositions.	avec toi, avant lui, de moi, entre nous
-alone as one-word sentences.	Qui a faim? -Moi!
-before and after **et** and **ou**.	nous et eux, toi ou moi
-to emphasize a subject pronoun.	Moi, je préfère skier.
-after the verb **être**.	C'est lui.

- The disjunctive pronouns correspond to the following subject pronouns:

je	moi	nous	nous
tu	toi	vous	vous
il	lui	ils	eux
elle	elle	elles	elles

26 Remplace les mots soulignés par un pronom.

1. Qui a cassé le caméscope? -Mes frères! _____

2. C'est Yvette qui arrive. _____

3. Tu vas étudier avec ma sœur et moi? _____

4. Ton père et toi, vous allez nous accompagner? _____

5. D'après Charles et toi, nous devons nous installer à Rome. _____

27 Complète chaque phrase avec un pronom.

1. Tu aimes skier, mais _____, je préfère nager.

2. Je suis de bonne humeur, mais _____, il est fâché.

3. Nous restons ici, mais _____, ils vont déménager.

4. _____, elle est blessée et son mari est mort dans l'accident.

5. Qu'est-ce que tu veux, _____?

6. Nous habitons ici et nos cousins habitent juste à côté de chez _____.

7. Marie et Karen veulent que j'aille au cinéma avec _____.

8. Je me couche de bonne heure, mais _____, vous vous couchez tard.

En pleine nature

1 Encercle le mot qui ne va pas avec les autres.

1. oiseau	chauve-souris	papillon	castor
2. alligator	orignal	héron	écrevisse
3. ours	requin	castor	renard
4. abeille	mouche	loup	guêpe
5. chat	dauphin	chien	hamster
6. défense de	interdit de	au secours	prière de ne pas
7. N'aie pas peur.	Fais attention.	Prends garde.	Méfie-toi.
8. animaux	fleurs	flore	plantes

2 Choisis le mot qui complète la phrase.

_____ 1. Un _____ habite dans l'arbre derrière notre maison.

     a. dauphin   b. écureuil   c. loup

_____ 2. J'ai un collier fait de _____.

     a. corail   b. écrevisses   c. baleine

_____ 3. Aïe! Cette _____ m'a piqué!

     a. requin   b. héron   c. guêpe

_____ 4. Les _____ construisent leurs maisons en bois.

     a. iguanes   b. castors   c. loups

3 Mets chaque animal dans la catégorie qui convient.

un aigle	**le crocodile**	**une guêpe**	**un papillon**
un dauphin	**un héron**	**une méduse**	**une abeille**

Oiseaux	Insectes	Animaux aquatiques

4 Choisis le synonyme dans la boîte à droite.

_____ 1. C'est incroyable!

_____ 2. Au secours!

_____ 3. La flore

_____ 4. La faune

_____ 5. J'ai peur...

_____ 6. Méfie-toi.

_____ 7. Défense de...

_____ 8. la caverne

a. À l'aide!
b. Prends garde.
c. les plantes
d. Il est interdit de...
e. les animaux
f. Je crains...
g. la grotte
h. Je n'en reviens pas!

5 Décide si chaque phrase est vraie (**v**) ou fausse (**f**).

_____ 1. Les chauves-souris habitent souvent dans les grottes.

_____ 2. Un orignal est une sorte d'oiseau.

_____ 3. On trouve des alligators dans les bayous.

_____ 4. Un renard ressemble un peu à un loup.

_____ 5. Les abeilles et les guêpes piquent.

_____ 6. Une baleine est un poisson.

_____ 7. En Louisiane, on mange souvent des écrevisses.

_____ 8. Les ours mangent des poissons.

_____ 9. L'aigle est l'oiseau national des États-Unis.

_____ 10. Un requin et une baleine sont membres de la même espèce.

6 Les noms de deux animaux sont combinés en un seul mot. Sépare les lettres pour retrouver leurs noms. Les lettres sont dans l'ordre correct.

MODÈLE a̲i l g l u̲ i̲ a̲ g n a̲ e t o̲ r **Alligator/Iguane**

1. h a é i r g o l n e _____

2. l o o u u r p s _____

3. o c r a i s g t n o a r l _____

4. d r a e u q p u h i i n n _____

5. p a a b p e i i l l l l o e n _____

6. c h é a c u u v r e e s u o i u l r i s _____

7 Dis aux personnes suivantes de ne pas faire ce qu'elles sont en train de faire. Utilise les expressions: **il est interdit de, prière de ne pas, interdiction de** ou **défense de**.

MODÈLE Un élève mange en classe. **Il est interdit de manger en classe.**

1. Ta sœur est en train de cueillir des fleurs dans un parc national.

   _____

2. Un homme fume dans le restaurant.

   _____

3. Un élève écrit sur les murs du lycée.

   _____

4. Un garçon jette des cacahuètes dans la cage des ours au zoo.

   _____

8 Donne un avertissement (*warning*) à chaque personne. Utilise les expressions: **Fais attention, Prends garde,** ou **Méfie-toi.**

MODÈLE Tu vois un serpent près de ton ami. **Méfie-toi du serpent.**

1. Un chien menace ton frère.

   _____

2. Tu explores une grotte avec ton ami.

   _____

3. Ta sœur et toi voyez un ours pendant que vous faites une randonnée.

   _____

9 Complète chaque phrase d'une manière logique.

1. Au zoo, il est interdit de...

   _____

2. Je crie «Au secours!» quand...

   _____

3. Méfie-toi...

   _____

En pleine nature

The subjunctive with expressions of fear
- You have used the **subjunctive** in a dependent clause when the main clause contained an expression of **necessity**, **desire**, or **emotion**.
- The **subjunctive** is also used in a dependent clause when the main clause contains an expression of **fear**.

J'ai peur que le chien me morde.	*I am afraid the dog may bite me.*
Nous craignons que tu te perdes.	*We are afraid you may get lost.*

---

10 Complète chaque phrase en choisissant la forme correcte de l'**indicatif** ou du **subjonctif** du verbe.

1. Il est vrai que nous (avons / ayons) _____ un iguane.

2. Il est nécessaire que vous _____ (emmenez / emmeniez) votre chien chez le vétérinaire.

3. Il est certain qu'elle (a / ait) _____ peur des serpents.

4. Tu dis que tu (vas / ailles) _____ au parc animalier.

5. J'ai peur qu'une chauve-souris me (mord /morde) _____.

6. Nous voulons qu'elle (réussit / réussisse) _____ à son interro.

7. Vous craignez que je (suis / sois) _____ fâché.

8. Elle sait que les requins (sont / soient) _____ dangereux.

11 Complète chaque début de phrase. Utilise le **subjonctif**, si c'est nécessaire.

1. Nous avons peur (de)...

   _____

2. Nos parents craignent que nous...

   _____

3. J'ai peur que vous...

   _____

4. Il est important que nous...

   _____

52

The impératif

- Use the **impératif** to order someone to do or not to do something.
- Form the **impératif** by omitting the subject pronoun from the present tense form of the verb. Additionally, for the **tu** form of **-er** verbs only, drop the final **–s.**
- Since you are making a command or suggestion to another person, the **impératif** will only occur in the **tu**, **vous** or **nous** form. In the **nous** form, you are including yourself in the suggestion.

    Faites vos devoirs!   Parle français!   Finissons le travail!

    Do your homework!   *Speak French!*   *Let's finish the work!*

- In an affirmative command, use a hyphen to attach any object pronouns or reflexive pronouns to the end of the verb. (Note that **me** and **te** become **moi** and **toi** in this situation for reasons of pronunciation.)

    Donnez-le-moi!   Allons-y!   Lave-toi les mains!

- In a negative command, put any pronouns before the verb, placing **ne** and **pas** around the entire phrase.

    Ne me le dites **pas!**

- Both **être** and **avoir** are irregular in the **impératif**.

    être: sois, soyons, soyez   **avoir: aie, ayons, ayez**

---

12 Dis à chaque personne de faire le contraire de ce qu'elle fait maintenant.

> **MODÈLE** Paul ne fait pas ses devoirs. **Fais tes devoirs!**

1. Ta sœur ne t'écoute pas. _____

2. Tes parents ne te donnent pas d'argent. _____

3. Ton ami n'est pas gentil. _____

4. Tes frères ont peur. _____

5. Ta cousine ne va pas en cours. _____

13 Change chaque impératif négatif à l'affirmatif et chaque impératif affirmatif au négatif.

> **MODÈLE** Écris-nous tous les jours! **Ne nous écris pas tous les jours!**

1. Donne-le à ton père! _____

2. Ne touchez pas le dauphin! _____

3. Parle-moi de tes aventures! _____

4. Attrape des papillons! _____

5. Ne soyez pas prudents! _____

Les verbes *voir* et *regarder*

• The verbs **voir** and **regarder** should not be used interchangeably. **Voir** (*to see*) is an involuntary action, whereas **regarder** (*to look at*) requires a conscious decision on the part of the subject. A person can **see** something without consciously focusing his attention on it.

Tu vois l'ours brun, là-bas? Oui, ça fait cinq minutes que je le regarde.

---

14 Complète la conversation avec les formes correctes des verbes **voir** et **regarder**.

vois	regarde	voir
verras	regarder	vois

Jeanne   (1) _____ là-bas! Est-ce que tu

(2) _____ ce castor?

Thomas   Quel castor? Je ne (3) _____ rien.

Jeanne   Si tu fais très attention, tu (4) _____ beaucoup

d'animaux intéressants.

Thomas   Moi, je préfère (5) _____ les émissions à la

télévision pour (6) _____ des animaux sauvages!

15 Crée un panneau avertisseur pour chacune des situations suivantes.

1. Sur la cage des ours au zoo.

2. Dans un parc naturel où les animaux sauvages vivent en liberté.

3. Dans les bayous de Louisiane.

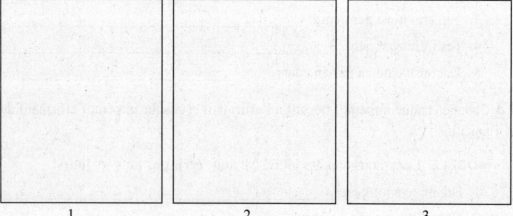

1.   2.   3.

En pleine nature

16 Écris le nom de chaque activité de la boîte sous le nom de l'endroit où on la pratique d'habitude.

| le rafting | le deltaplane | le parachutisme |
| la plongée | l'alpinisme | la spéléologie |

À la montagne	Dans l'eau	Dans l'air

17 Choisis le mot ou l'expression qui complète la phrase.

_____ 1. Le Canada se trouve _____ des États-Unis.

   a. au nord   b. à l'est   c. au sud

_____ 2. Le Texas se trouve _____ des États-Unis.

   a. dans le sud   b. vers le sud   c. au sud

_____ 3. Pour aller de New York en Californie, il faut conduire _____.

   a. vers l'ouest   b. ouest   c. l'ouest

_____ 4. Le soleil se lève _____.

   a. au nord   b. à l'est   c. à l'ouest

18 Fais les mots croisés.

1. l'exploration des grottes
2. plus ou moins
3. dans la direction de
4. traverser
5. opposé du sud

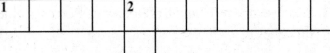

19 Choisis l'objet dont on a besoin pour faire chaque activité.

_____ 1. Pour parcourir les montagnes...

_____ 2. Pour faire du rafting...

_____ 3. Pour faire de la plongée sous-marine...

_____ 4. Pour faire de l'alpinisme...

_____ 5. Pour faire de la spéléologie...

a. une corde
b. un V.T.T.
c. une lampe de poche
d. un canoë
e. une bouteille de plongée

20 Donne le nom d'une activité que chaque individu devrait faire selon toi.

   MODÈLE J'adore les montagnes. **Tu dois faire de l'alpinisme.**

   1. J'aime les avions et j'adore prendre des risques!

   _____

   2. Mon amie étudie la biologie marine et elle aime nager.

   _____

   3. Mes cousins ont un kayak et ils aiment les rapides.

   _____

   4. Mon frère veut voir des chauves-souris dans leur habitat naturel.

   _____

   5. Mon ami et moi, nous faisons du vélo en ville, c'est ennuyeux.

   _____

21 Pierre se plaint (*complains*) toujours. Écris ses objections aux suggestions suivantes.

   MODÈLE Allons faire du deltaplane! (dangereux) **Non, c'est trop dangereux!**

   1. Allons faire de l'alpinisme! (difficile)

   _____

   2. Faisons un voyage en Europe! (loin)

   _____

   3. Achetons un vélo-tout-terrain! (cher)

   _____

22 Choisis la phrase de la boîte qui complète le mieux les phrases de la colonne de gauche.

_____ 1. Je ne veux pas aller au Japon!

_____ 2. Il faut que je mange quelque chose!

_____ 3. Je dois m'arrêter tout de suite!

_____ 4. Je ne peux pas monter plus haut!

> a. J'ai le vertige!
> b. Je n'en peux plus!
> c. Je meurs de faim!
> d. C'est trop loin d'ici!

23 Remets les mots dans l'ordre pour former des expressions d'encouragement.

1. es / courage / tu / y / presque

   _____

2. un / allez / encore / effort / petit

   _____

3. vaut / peine / ça / la / en

   _____

24 Qu'est-ce que tu dirais pour encourager chaque personne?

1. C'est impossible! Je n'en peux plus!

   _____

2. J'ai le vertige! C'est trop haut!

   _____

3. Je n'en peux plus! Je meurs de soif!

   _____

25 Réponds à chaque question.

1. Quelle partie des États-Unis préfères-tu: le nord, le sud, l'est ou l'ouest? Pourquoi?

   _____

   _____

2. Quelle activité mentionnée dans le vocabulaire de ce chapitre as-tu déjà faite? Et laquelle aimerais-tu essayer un jour?

   _____

   _____

   _____

En pleine nature

Emporter, apporter, amener, and *emmener*

- There are two verbs in French that mean *to bring* something or someone to where you are now. **Apporter** is used for things you carry; **amener** is used for people or animals.
- There are two verbs in French that mean *to take* something or someone to another place. **Emporter** is used for things you carry; **emmener** is used for people or animals.
- Do not confuse these four verbs with **prendre**, which generally means to take something from someone.

---

26 Marque avec un **X** les deux boîtes qui conviennent pour chaque verbe.

Verbe	Objets	Personnes Animaux	Ici Où je suis	Ailleurs (*elsewhere*)
Amener				
Apporter				
Emmener				
Emporter				

27 Complète les phrases suivantes avec **amener**, **emmener**, **apporter** ou **emporter**.

1. Ils m'_____ souvent de la laitue de leur jardin.

2. Il _____ des fleurs chez sa mère.

3. Vous _____ Julia à notre fête?

4. Tu _____ ton VTT en vacances.

5. Quand je fais du camping, j'_____ toujours mon sac de couchage.

6. Maman _____ les enfants au parc chaque matin.

7. Nous _____ toujours notre tente quand on va à la montagne.

8. Vous _____ votre canoë samedi. On ira faire du rafting.

9. J'_____ ma sœur avec moi quand je vais au cinéma.

10. Tu _____ ton chien chez le vétérinaire quand il est malade.

Verbs + à/de + infinitive

- Some French verbs may be followed directly by an infinitive. For example:

  aimer, aller, devoir, espérer, falloir (il faut), préférer, pouvoir, savoir, vouloir

- Some verbs must be followed by the preposition **à** before an infinitive. For example:

  aider à, s'amuser à, apprendre à, commencer à, réussir à

- Some verbs must be followed by the preposition **de** before an infinitive. For example:

  (s')arrêter de, avoir peur de, avoir raison de, choisir de, conseiller de, décider de, dire de, essayer de, offrir de, oublier de, venir de

- It is a good idea to learn the required preposition along with the verb, since these prepositions are not predictable.

---

28 Souligne les verbes qui emploient la préposition **de** devant un infinitif, et encercle ceux qui emploient **à**. Tous les verbes ne prennent pas une préposition.

devoir	choisir	espérer	apprendre	oublier
avoir peur	aider	dire	décider	essayer
préférer	aimer	réussir	pouvoir	aller
venir	savoir	s'amuser	conseiller	offrir

29 Remplis l'espace vide avec la préposition qui convient. Si une préposition n'est pas nécessaire, fais un **X** sur la ligne.

1. Je veux _____ aller au parc.

2. Votre chien vient _____ me mordre!

3. Il a peur _____ faire du parachutisme.

4. Je te conseille _____ essayer les escargots.

5. Tu pourrais m'aider _____ mettre ma bouteille de plongée?

6. Pendant les vacances, j'ai appris _____ faire de la plongée sous-marine.

7. Est-ce que tu sais _____ nager?

8. Il a commencé _____ pleuvoir.

9. Il faut _____ faire encore un petit effort.

10. On ne doit pas _____ avoir peur des animaux.

Verbs with idioms

• French has many idioms that cannot be translated word for word. Here are some idioms that use verbs you are familiar with:

avoir besoin de (to need)	avoir lieu (to take place)
avoir l'intention de (to intend to)	avoir envie de (to want)
avoir peur (to be afraid)	
être en train de... (to be in the middle of...)	être en retard (to be late)
faire beau/chaud/froid (to be nice /hot/cold weather)	faire la queue (to wait in line)
faire des études (to study)	faire la fête (to party)
faire un stage (to do an internship)	faire la sieste (to take a nap)
faire les valises (to pack suitcases)	se faire mal (to hurt oneself)
mettre le feu (to set fire)	mettre la table (to set the table)
prendre des risques (to take chances)	prendre sa retraite (to retire)
prendre le petit déjeuner (to have breakfast)	

30 Choisis l'expression de la boîte qui complète chaque phrase à gauche.

_____ 1. Je suis très fatigué cet après-midi.

_____ 2. Il y a beaucoup de gens au cinéma.

_____ 3. Je pars en vacances demain. Ce soir...

_____ 4. C'est mon anniversaire. Ce soir...

_____ 5. Je suis tombé en faisant du ski.

> a. Je fais la queue.
> b. Je me suis fait mal.
> c. Je fais la fête.
> d. Je fais la sieste.
> e. Je prends ma retraite.
> f. Je fais mes valises.

31 Complète les phrases suivantes avec une expression idiomatique.

1. C'est toujours ton frère qui _____ le soir pour dîner.

2. Quand j'aurai fini mes études, je _____ dans un cabinet d'avocats.

3. Cette compétition _____ tous les ans au mois de juin.

4. J' _____ apprendre à faire du deltaplane.

5. Nous allons à la piscine. Il_____ aujourd'hui.

La presse

1 Choisis le mot qui va avec chaque définition.

_____ 1. Ce qui paraît tous les jours.

_____ 2. Ce qui paraît toutes les semaines.

_____ 3. Ce qui paraît tous les mois.

_____ 4. Où l'on vend des journaux.

_____ 5. Ce qui est écrit sous une photo dans le journal.

_____ 6. Ce qui paraît à la une d'un journal.

a. un quotidien
b. un mensuel
c. un kiosque
d. un hebdomadaire
e. une légende
f. un gros titre

2 Décide si chaque phrase est vraie **(v)** ou fausse **(f)**.

_____ 1. Un magazine mensuel paraît chaque semaine.

_____ 2. Il y a souvent des photos ou des dessins sur la couverture d'un magazine.

_____ 3. *Newsweek*® est un magazine féminin.

_____ 4. *Elle*® est une revue scientifique.

_____ 5. Si je m'abonne à un journal, je l'achète dans un kiosque.

_____ 6. Une personne qui s'abonne à un magazine s'appelle une rédactrice.

_____ 7. Un marchand de journaux travaille dans un kiosque.

_____ 8. La description sous une photo dans le journal s'appelle une légende.

3 Souligne l'expression qui ne va pas avec les autres.

1. rédacteur	kiosque	magazines	journaux
2. le journal	le gros titre	la une	la presse
3. quotidien	revue	mensuel	hebdomadaire
4. Il me semble.	Je doute.	Je ne crois pas.	Ça m'étonnerait.
5. journal	magazine	rédactrice	revue
6. journaliste	rédacteur	photographe	abonnement
7. mensuel	chaque mois	chaque lundi	toutes les 4 semaines
8. la une	la couverture	le dessin	la première page

4 Complète chaque phrase avec un mot de la boîte.

dessin	revue	abonné
rédacteur	édition	sensation

1. Est-ce que tu es _____ à un magazine spécialisé?

2. Ce magazine vient de paraître. En voici la première
   _____.

3. Je n'aime pas cet article. Je vais écrire une lettre au
   _____ en chef.

4. Regarde ce _____ humoristique! Il m'a bien fait rire!

5. La presse à _____ parle toujours des OVNI *(UFO)*
   et des extraterrestres.

6. J'ai lu un article intéressant dans une _____
   scientifique.

5 Imagine ce que chaque personne lit. Pourquoi?

_____

_____

_____

_____

_____

_____

_____

VOCABULAIRE 1   CHAPITRE **6**

6 Décide si l'expression indique une certitude ou simplement une possibilité.

	Certain	Possible
MODÈLE Je ne suis pas certain...		X
1. Il se peut que...		
2. Je suis persuadé que...		
3. Il me semble que...		
4. Il est possible que...		
5. Ça m'étonnerait que...		
6. Ils sont sûrs que...		

7 Choisis l'expression qui complète chaque phrase.

_____ 1. Il se...

_____ 2. Elle...

_____ 3. Je...

_____ 4. Tu...

_____ 5. Nous...

_____ 6. Ça...

_____ 7. Il me...

_____ 8. Vous...

a. est persuadée que...
b. peut que...
c. doutes que...
d. suis sûr que...
e. m'étonnerait que...
f. ne croyons pas que...
g. êtes certains que...
h. semble que...

8 Arrange les groupes de mots pour former une phrase complète.

1. certain que / te plaira / je suis / ce magazine

_____

2. vous êtes / semble que / il me / très fatigués

_____

3. vienne pas / possible qu' / il ne / il est

_____

La presse

The subjunctive with doubt and uncertainty

• You have learned to use the **subjunctive** in dependent clauses when the main clause expresses **necessity, desire, emotion** or **fear.**

• Similarly, use the **subjunctive** after expressions of:

doubt	Je doute que...
disbelief	Ça m'étonnerait que...
possibility	Il se peut que..., Il est possible que...
uncertainty	Je ne pense pas que..., Je ne suis pas sûr(e) que...,
	Je ne crois pas que..., Je ne suis pas certain(e) que...

• After expressions of **certainty** use the **indicative.**

> Je suis sûr(e) que..., Je suis certain(e) que...
>
> Je suis persuadé(e) que..., Je pense que...

• The expression **Il me semble que...** is followed by the **indicatif.**

---

9 Complète chaque phrase en choisissant la forme correcte de l'**indicatif** ou du **subjonctif** du verbe.

1. Je doute que tu nous _____ (dis / dises) la vérité.

2. Il pense que nous _____ (arriverons / arrivions) demain.

3. Ça m'étonnerait que Marie _____ (est / soit) chez elle?

4. Il se peut que les pilotes _____ (feront / fassent) grève.

5. Il me semble qu'il _____ (a / ait) raison.

10 Complète les phrases suivantes avec le **subjonctif** ou l'**indicatif** des verbes entre parenthèses

1. Il pense que ce journal _____ tous les jours. (paraître)

2. Ça m'étonnerait qu'il _____ son travail. (finir)

3. Elle est persuadée que nous _____ la mauvaise route. (suivre)

4. Vous ne croyez pas qu'ils _____ à la fête. (aller)

5. Je ne suis pas sûr que mes parents _____ la voiture de sport. (choisir)

6. Nous ne sommes pas certains qu'il _____ avocat. (devenir)

The verbs *croire* and *paraître*

- The verb **croire** means *to believe* or *to think* (in the sense of *believing*).
- **Croire** is conjugated like the verb **voir** in the **présent**. Its past participle is **cru**.

    je **crois,** tu **crois,** il/elle/on **croit,** nous **croyons,** vous **croyez,** ils/elles **croient**

- In the affirmative, **croire** expresses certainty and is followed by the **indicatif**.

    Je crois qu'elle **est** malade.

- When **croire** expresses uncertainty it is followed by the **subjunctive**.

    Croyez-vous qu'elle soit malade? Je ne crois pas qu'elle soit malade.

- When followed by the preposition **à**, **croire** means *to believe in.*

    Tu crois au père Noël?   *Do you believe in Santa Claus?*

- The verb **paraître** is irregular. Its past participle is **paru**.

    je **parais,** tu **parais,** il/elle/on **paraît,** nous **paraissons,** vous **paraissez,** ils/elles **paraissent**

---

11 Fais des phrases avec les éléments suivants.

1. Mon petit frère / croire / fantômes.

    _____

2. Mes parents / lire / magazines / qui / paraître / tous les mois.

    _____

3. Tu / croire / à cette histoire? Moi, je / croire / ne...pas / que / elle / être / vrai.

    _____

4. Mon meilleur ami et moi / croire / ne... pas / magie.

    _____

5. Mon magazine préféré / paraître / toutes les semaines.

    _____

12 Décris la scène suivante. Utilise le verbe **croire**.

   _____

                                        _____

                                        _____

                                        _____

> ### Quelque part, quelqu'un, quelque chose and quelquefois
> - You have seen the word **quelque(s)** used as an adjective meaning *some*.
> - **Quelque** may be combined with other words to form the indefinite pronouns **quelqu'un** and **quelque chose** as well as the adverbs **quelque part** and **quelquefois**.
>
> | | |
> |---|---|
> | **Quelqu'un** chante. | *Someone is singing.* |
> | Elle achète **quelque chose**. | *She is buying **something**.* |
> | Ils voyagent **quelque part**. | *They are traveling **somewhere**.* |
> | Nous y allons **quelquefois**. | *We **sometimes** go there.* |

13 Remplace les mots *en italique* avec une expression qui contient le mot **quelque**.

1. Je voudrais parler à *une personne* qui puisse m'aider.

   _____

2. Il va rendre visite à ses cousins *dans un endroit* en Europe.

   _____

3. Est-ce que tu as mis *un objet* dans ta poche?

   _____

4. *Une ou deux fois par mois* nous allons aux concerts.

   _____

5. J'ai vu *deux ou trois* films d'Audrey Tautou.

   _____

14 Complète chaque phrase avec une expression qui contient le mot **quelque**.

1. _____ m'a conseillé de visiter ce musée.

2. Vas-tu acheter _____ dans ce magasin?

3. J'ai mis mon portefeuille _____ et maintenant je ne peux pas le trouver.

4. Est-ce que vous dînez _____ dans ce restaurant?

5. Il a vendu sa voiture à _____ qui travaille avec lui.

6. Nous avons _____ amis qui habitent au Canada.

La presse

15 Lis la définition et utilise les lettres données pour former le mot de vocabulaire.

Définition	Lettres	Mot de vocabulaire
1. ne coûte rien	tugiatr	
2. art: livre, un tableau…	rveueo	
3. attaque terroriste	ttenaatt	
4. prix Olympique	éildalme	
5. quand on refuse de travailler	erègv	
6. quand on ne trouve pas de travail	gômcahe	
7. les arts et la musique	lucrute	
8. désastre	trpcahteoas	

16 Décide dans quelle rubrique du journal on trouverait les informations suivantes.

économie	petites annonces	sports
faits divers	météo	actualité internationale

1. Un athlète olympique remporte une médaille d'argent.

   _____

2. Les employés de la poste sont en grève. _____

3. Quelqu'un a un appartement à louer. _____

4. Le chômage augmente. _____

5. Une personne a perdu son chien. _____

6. Un attentat a eu lieu en Europe. _____

7. Il y a eu un vol à la banque de France. _____

8. Un ambassadeur a été assassiné. _____

9. Il va y avoir une tempête de neige demain. _____

10. Le président assiste à un sommet sur la paix. _____

11. Une vague de chaleur s'est abattue sur la région. _____

12. Le ministre des Finances discute de l'inflation et des problèmes budgétaires du pays. _____

VOCABULAIRE 2   CHAPITRE **6**

17 Choisis le mot qui est synonyme ou qui a un sens semblable (*similar meaning*).

_____ 1. catastrophe

_____ 2. le temps

_____ 3. entre plusieurs pays

_____ 4. informations

_____ 5. lettres

_____ 6. raconte

_____ 7. attaque

_____ 8. numéros

a. international
b. la météo
c. actualités
d. désastre
e. courrier
f. attentat
g. chiffres
h. dis

18 Écris une question pour chaque réponse.

MODÈLE Tu as vu la une aujourd'hui? Non, fais voir!

1. _____

Montre-moi!

2. _____

Non, qu'est-ce qui s'est passé?

3. _____

Non, raconte!

4. _____

Non, je t'écoute.

19 Décide si les deux expressions sont semblables (**s**) (*similar*) ou différentes (**d**).

_____ 1. une vague de chaleur
une tempête de neige

_____ 2. Raconte.
Dis-moi.

_____ 3. Fais voir.
Montre-moi.

_____ 4. Tu connais la dernière?
Tu es au courant?

_____ 5. cher
gratuit

_____ 6. voler
emporter

_____ 7. des centaines
quelques

_____ 8. se passer
arriver

20 Récris chaque phrase en remplaçant les mots *en italique* avec une expression de la boîte.

le courrier des lecteurs	est arrivé	janvier
savez		qui n'aiment pas

1. Vous *êtes au courant de* ce qui m'est arrivé?

_____

2. Est-ce que tu sais ce qui *s'est passé*?

_____

3. Les agriculteurs sont les seuls *à ne pas se réjouir de* la chaleur.

_____

4. Je suis en train de lire *les lettres qu'on écrit au rédacteur du journal.*

_____

5. Ils sont en grève pour la troisième fois depuis *le début de l'année.*

_____

21 Réponds à chaque question avec une phrase complète.

1. As-tu jamais *(ever)* écrit une lettre au rédacteur d'un journal?

_____

_____

2. Quelles rubriques du journal lis-tu tous les jours?

_____

_____

3. Est-ce que les professeurs devraient se mettre en grève?

_____

_____

4. Est-ce que tu préfères lire les journaux ou regarder les actualités à la télé?

_____

_____

Object pronouns
- If there are two object pronouns in the same sentence, they will appear in the following order:

me	le	lui	y	en
te	la	leur		
nous	les			
vous				

Il va me les **donner**. *(before infinitive)*

Il me les **donne**. *(before conjugated verb)*

Il me les **a donnés**. *(before conjugated helping verb; participle agrees with preceding direct object)*

Vous **n'**allez **pas** me le donner. *(around conjugated verb)*

Vous **ne** me l'avez **pas** donné. *(around conjugated verb **and** pronouns)*

- With affirmative commands, use the following pronouns after the verb indicated and attach them to the verb with a hyphen.

le	moi (m') / nous	y	en
la	toi (t') / vous		
les	lui / leur		

22 Remplace les mots soulignés par des pronoms.

> **MODÈLE** Tu rends <u>ton devoir</u> <u>au professeur</u>. **Tu le lui rends.**

1. Vous n'écrivez pas <u>de cartes postales</u> <u>à vos amis</u>.

   _____

2. Elles ont mis <u>leurs vêtements</u> <u>dans la valise</u>.

   _____

3. Donnez <u>de l'argent</u> <u>à Georges et à moi</u>.

   _____

4. J'ai acheté <u>un magazine de sport</u> <u>à mon père</u>.

   _____

5. Tu veux montrer <u>cet article</u> <u>au prof de français</u>.

   _____

6. J'ai rencontré <u>le premier ministre</u> <u>au musée</u>.

   _____

GRAMMAIRE 2
CHAPITRE **6**

Qu'est-ce qui and qu'est-ce que

- **Qui** *(who, whom)* and **que** *(what)* are question words that may be followed by an inverted subject and verb.

  Qui aimes-tu?   Que voyez-vous?

- Instead of inversion, **qui** and **que** may be followed by:

  est-ce que+subject+verb   when the question is the direct object of the verb.

  or

  est-ce qui+verb   when the question is the subject of the verb.

- Study the following examples:

  Qui est-ce que tu aimes? (**Qui** = *Whom?*/**que** acts as direct object of **aimes**)

  Qui est-ce qui parle? (**Qui** = *Who?*/**qui** acts as subject of **parle**)

  Qu'est-ce que tu veux? (**Qu'** = *What?*/**que** acts as direct object of **veux**)

  Qu'est-ce qui arrive? (**Qu'** = *What?*/**qui** acts as subject of **arrive**)

- **Qui** may be followed directly by a verb and act as its subject.

  Qui parle?

- **Que** shortens to **qu'** before a vowel sound. **Qui** never shortens.

---

23 Écris une question pour chaque réponse en employant **qu'est-ce qui/que...** ou **qui est-ce qui/que...**

MODÈLE La fille a parlé. **Qui est-ce qui a parlé?**

1. Le chômage est en baisse cette année.

   _____

2. La patineuse canadienne a remporté la médaille d'or.

   _____

3. Mon père est en grève.

   _____

4. La police recherche le voleur d'un tableau du Louvre.

   _____

5. La police recherche le voleur d'un tableau du Louvre.

   _____

6. Une vague de chaleur s'est abattue sur le pays.

   _____

Negative Expressions

- You have already learned a number of negative expressions:

  ne...pas *(not)*   ne...rien *(nothing)*   ne...jamais *(never)*

  ne...plus *(no more)*   ne...ni...ni *(neither/nor)*   ne...personne *(no one)*

  ne...pas encore *(not yet)*

- The negative expression **ne...nulle part** means *nowhere*. When using this phrase, **ne** is placed before the verb and **nulle part** is generally placed at the end of the sentence.

  Je ne veux aller nulle part.   Je n'ai trouvé mon livre nulle part.

- The negative expression **ne...aucun(e)** means *not any, not one*. When using this phrase, **ne** is placed before the verb, while **aucun(e)** agrees with and is placed in front of the noun it modifies.

  Je ne lis aucun roman.   Nous n'avons vu aucune sculpture au musée.

- If the noun that **aucun(e)** modifies is the subject of the sentence, it will be placed at the beginning of the sentence. **Ne** will precede the verb, and the subject and verb will both be singular.

  Aucune fille n'est venue à sa fête!

---

24 Mets l'expression soulignée à la forme négative.

    MODÈLE J'ai quelques euros. **Je n'ai aucun euro**.

    1. Nous avons invité quelques garçons.

    _____

    2. Il a cherché son portefeuille quelque part.

    _____

    3. Tu as un stylo dans ta trousse?

    _____

    4. J'ai une idée.

    _____

    5. J'ai vu ton chat quelque part.

    _____

    6. Quelques étudiantes ont réussi à l'interro.

    _____

Notre planète

1 Souligne le mot qui ne va pas avec les autres.

1. grêle	glace	neige	sable
2. avalanche	volcan	lave	éruption
3. ouragan	cyclone	incendie	orage
4. raz-de-marée	désert	côte	inondations
5. orage	éclair	tonnerre	vague
6. détruire	abîmer	ravager	glisser
7. peut	pluie	pleut	plu
8. abîmé	détruit	sinistré	estimé

2 Décide si les deux expressions sont semblables (**s**) (*similar*) ou différentes (**d**).

_____ 1. un incendie
un feu

_____ 2. l'inondation
la sécheresse

_____ 3. sinistré
ravagé

_____ 4. évacuer
atteindre

_____ 5. un orage
une tempête

_____ 6. ravager
détruire

_____ 7. les dégâts
les précautions

_____ 8. trembler
secouer

_____ 9. une catastrophe
un désastre

_____ 10. à cause de
dû à

3 Choisis le mot à droite qui complète l'expression.

_____ 1. une coulée de _____

_____ 2. un tremblement de _____

_____ 3. un raz-de- _____

_____ 4. un glissement de _____

_____ 5. une vague de _____

_____ 6. une tempête de _____

a. terrain
b. chaleur
c. sable
d. terre
e. lave
f. marée

4 Complète chaque analogie de manière logique.

1. désert : tempête de sable :: montagne : _____

   volcan   avalanche   orage

2. une excuse : Je suis désolé :: un avertissement : _____

   Méfie-toi.   Lève-toi.   Réveille-toi.

3. tonnerre et éclair : orage :: vent et pluie : _____

   incendie   grêle   ouragan

4. la neige : neigé :: la pluie : _____

   pleuvoir   plu   pleut

5 Cherche et encercle la traduction française des mots suivants: **fire, tornado, tsunami (tidal wave), flood, hurricane, avalanche, hail, volcano, storm, eruption, snow, sand.** Les lettres qui restent formeront un message secret.

```
E  G  I  E  N  P  R  E  E  O  N  E
T  É  R  U  P  T  I  O  N  U  Z  G
Ê  A  R  A  Z  D  E  M  A  R  É  E
P  E  H  C  N  A  L  A  V  A  R  E
M  D  E  E  À  E  L  Ê  R  G  L  L
E  É  C  Y  C  L  O  N  E  A  C  B
T  N  A  C  L  O  V  L  A  N  I  A
I  N  O  N  D  A  T  I  O  N  R  S
```

Le message secret:_____

6 Choisis le mot de la boîte qui complète chaque phrase.

un éclair	un volcan	un raz-de-marée
un incendie	la sécheresse	une inondation

1. Une coulée de lave vient d' _____

2. La lumière qu'on voit dans le ciel pendant un orage, c'est _____

3. Quand il ne pleut pas pendant longtemps, c'est _____

4. Un tremblement de terre sous l'océan cause _____

5. Un grand feu qui ravage la forêt, c'est _____

6. Quand la pluie recouvre la terre, c'est _____

VOCABULAIRE 1   CHAPITRE **7**

7 Complète chaque phrase avec une expression de la boîte.

dûs	c'est pour ça	parce qu'
à cause d'	surtout	au cas où

1. Prenez garde _____ il y aurait un orage.

2. J'ai peur _____ on a prévu un ouragan.

3. Le village a été détruit _____ un raz-de-marée.

4. Tous ces dégâts sont _____ au glissement de terrain.

5. Il faut se méfier des ouragans, _____ en automne.

6. La pluie a causé une inondation; _____ que les routes sont fermées.

8 Corrige chaque phrase en remplaçant les mots *en italique* par une expression de vocabulaire pour que chaque phrase soit logique.

1. Les cyclones, les glissements de terrain et *les accidents d'avion* sont des phénomènes naturels. _____

2. Les météorologues ont prévu *un incendie* pour demain.

   _____

3. Quel orage! Regarde *le tonnerre!* _____

4. Il y a souvent des tremblements de *maisons* en Californie.

   _____

5. La *neige* qui est tombée était si grosse qu'elle a abîmé le pare-brise (windshield) de ma voiture. _____

6. Tu as vu les photos *du glissement* de ce volcan en Italie?

   _____

7. Le tremblement de terre a causé *un ouragan.* _____

8. C'est terrible comme la ville entière a été *protégée* par le cyclone.

   _____

9. Les pompiers essaient d'éteindre *le cyclone.*_____.

10. Le vent et la pluie de l'*avalanche* ont détruit de nombreuses maisons.

   _____

The comparative and superlative

- To form the comparative of nouns, put **plus de, moins de** or **autant de** before the noun, **que** after the noun, then add the person or thing you are comparing with.

  Il achète **plus de** tomates **qu'**avant.   Il a **autant de** charme **que moi**.

- To form the comparative of adjectives or adverbs, place **plus, moins** or **aussi** before the adjective or adverb. Place **que** after the adjective or adverb and complete the comparison. Adjectives will agree with the first item mentioned in the comparison.

  Ma sœur est **plus** intelligent<u>e</u> que mon frère.
  Elle étudie **aussi** sérieusement **que** lui.

- To form the superlative of adjectives and adverbs, place a definite article before **plus** or **moins** and use **de** instead of **que** to form a complete sentence. If the adjective is one that *follows* the noun it modifies, put **le, la, les** before the noun and the superlative phrase after. (Note: with adverbs always use **le**, never **la** or **les**).

  Marie est **la plus** jolie fille **de** la classe, mais c'est **la** fille **la moins aimable**.

  Elle étudie **le plus** sérieusement **de** tous les élèves.

- The comparative of **bon** is **meilleur** (meilleure / meilleurs / meilleures).
  The comparative of **bien** is **mieux**.

---

9 Fais des comparaisons en suivant le modèle.

MODÈLE Julie / + riche / Paul // + argent   **Julie est plus riche que Paul.**
                                                                    Elle a plus d'argent que lui.

1. Tu / - brave / ton frère // - courage

   _____

2. Elle / = sympa / toi // = amis

   _____

3. Mes amis / + bons en maths / moi // + aptitude

   _____

4. Il / + chante bien / ses amis // + talent

   _____

5. Ce tableau / + beau / ce tableau-ci // + couleur

   _____

6. Un volcan / + impressionnant / un tremblement de terre // + dégâts

   _____

Passive voice

- You have learned to form sentences in the **active voice.** These are sentences in which the subject **performs** the action.

  <u>Tout le monde</u> **doit respecter** la nature.

- In **passive voice,** the subject **receives** the action.

  <u>La nature</u> **doit être respectée** (par tout le monde).

- To form the passive voice, use the appropriate tense and form of **être** followed by the **past participle** of the main verb. The participle must agree with the subject. If you want to include the person or thing that is doing the action, add it to the end of the sentence, preceded by the word **par.**

---

10 Change chaque phrase de la forme active à la forme passive en suivant le modèle. Fais attention au temps du verbe.

> **MODÈLE** Victor Hugo a écrit ce roman.
> **Ce roman a été écrit par Victor Hugo.**

1. Les ouragans détruisent les maisons.

   _____

2. La sécheresse détruit la végétation.

   _____

3. L'inondation a causé beaucoup de dégâts.

   _____

4. Le tremblement de terre a réveillé nos voisins.

   _____

11 Forme des phrases à la voix passive avec les éléments suivants.

5. les écologistes / protéger / la planète.

   _____

6. l'incendie / ravager / la forêt.

   _____

7. la police / évacuer / le voisinage.

   _____

8. combattre / la pollution.

   _____

Prepositions

• Prepositions are used to show the relationship between a noun or pronoun and another word in the sentence. You have learned a number of prepositions already.

à *(to, at, in)*	**dans** *(in)*	**en** *(in, on, to)*	**sans** *(without)*
après *(after)*	**de** *(of, from)*	**loin de** *(far from)*	**vers** *(toward)*
avec *(with)*	**depuis** *(since)*	**par** *(by, through)*	
avant *(before)*	**devant** *(in front of)*	**pour** *(for)*	
chez *(to/at/in the home of)*			

• Prepositions do not translate well from one language to another. Sometimes French will use different prepositions than English or no preposition at all. It is best to try to learn prepositions in common phrases instead of as individual words.

---

12 Écris la préposition qui convient dans chaque espace vide.

MODÈLE __a__ Il voyage _____ Europe.

a. en   b. chez   c. avec

_____ 1. Tu dois te méfier _____ l'ouragan.

a. de   b. dans   c. par

_____ 2. Prends garde _____ la grêle.

a. devant   b. pour   c. à

_____ 3. Il y a une fête _____ Charles.

a. chez   b. devant   c. vers

_____ 4. Je ne l'ai pas vu _____ vendredi.

a. dans   b. depuis   c. sans

_____ 5. Tu parles toujours _____ réfléchir!

a. loin de   b. sans   c. pour

13 Complète chaque phrase avec la préposition qui convient.

1. La statue se trouve _____ le musée d'art.

2. Le tremblement de terre a eu lieu _____ chez nous.

3. Voici une liste de précautions _____ toi.

4. La tornade est passée _____ nous.

5. Tous les magasins ont fermé leurs portes _____ l'arrivée du cyclone.

Notre planète

14 Lis la définition et utilise les lettres données pour former le mot de vocabulaire.

Définition	Lettres	Mot de vocabulaire
1. contraire de s'améliorer	reprime	
2. matériau d'une bouteille	rever	
3. ce qui tue les insectes	decistipe	
4. les émissions des usines	méusef	
5. le cancer en est une	admiale	

15 Décide si chaque phrase est vraie (**v**) ou fausse (**f**).

_____ 1. Le papier, le verre et l'aluminium sont des sources d'énergie.

_____ 2. Un pétrolier est une sorte de bateau.

_____ 3. Les glissements de terrain ont pour conséquence le réchauffement de l'atmosphère.

_____ 4. Une marée noire pollue l'air.

_____ 5. Les économies d'énergie peuvent améliorer l'environnement.

_____ 6. L'air, la terre et les océans forment notre environnement.

_____ 7. On met de l'essence dans le réservoir (tank) d'une voiture.

_____ 8. Les éoliennes et les panneaux solaires sont des inventions qui produisent de nouvelles sources d'énergie.

16 Choisis le mot qui va avec chaque définition.

_____ 1. utilisent le soleil pour produire de l'énergie.

_____ 2. moyens de transport qui consomment moins d'essence.

_____ 3. gens qui veulent protéger l'environnement.

_____ 4. ce qu'on fait dans un casino.

_____ 5. utilisent la force du vent pour produire de l'énergie.

a. les voitures hybrides
b. parier
c. les panneaux solaires
d. les éoliennes
e. les écologistes

17 Choisis l'expression qui complète chaque phrase.

_____ 1. Une équipe de sauvetage...

_____ 2. Une marée noire...

_____ 3. Le recyclage...

_____ 4. Les fumées d'usines...

_____ 5. La déforestation...

_____ 6. Les pesticides...

> a. réduit l'accumulation des déchets.
> b. menace la côte.
> c. porte secours.
> d. causent des maladies.
> e. cause l'effet de serre.
> f. polluent l'air.

18 Complète chaque analogie de manière logique.

1. panneaux solaires : soleil :: éoliennes : _____

   lune   vent   eau

2. déforestation : terre :: marée noire : _____

   océan   atmosphère   pétroliers

3. boîte de soda : aluminium :: bouteille : _____

   papier   verre   lait

4. téléviseur : électricité :: voiture : _____

   essence   fumée   hybride

5. bon : s'améliorer :: mauvais : _____

   polluer   menacer   empirer

19 Complète chaque phrase logiquement. Décris ce que chaque élément peut apporter à l'environnement.

1. Les voitures hybrides _____

   _____

2. Les constructeurs automobiles _____

   _____

3. Les éoliennes _____

   _____

4. Les pétroliers _____

   _____

5. Les écologistes _____

   _____

20 Décide si l'expression indique une cause ou une solution aux problèmes d'environnement.

	Cause	Solution
MODÈLE Les éoliennes		X
1. Les fumées des usines		
2. Les panneaux solaires		
3. Un pétrolier échoué *(sank)*		
4. Le recyclage des déchets		
5. La production des produits bio		
6. Les pesticides		

21 Arrange les groupes de mots pour former une phrase complète.

1. que les fumées / a priori / fait moins / des usines / la déforestation / de mal

   _____

2. hybrides / très populaires / les voitures / deviendront / que / je parie

   _____

3. je sais / est / c'est que / en danger / ce que / notre planète

   _____

   _____

22 Complète les phrases suivantes.

1. Mes amis sont convaincus que _____

   _____

2. En principe, _____

   _____

3. D'un côté, _____

   et d'un autre, _____

4. _____ ,

   j'en suis sûr(e).

Notre planète

Quand, lorsque and dès que

• **Quand** *(when)* is used in compound sentences in the following manner:

Main Clause	*Quand* Clause	
present tense	present tense	Expresses 2 present actions, one often the result of the other.
future	future	Expresses 2 future actions that are simultaneous.
future future perfect	future perfect future	Expresses 2 future actions, one of which will precede the other.

• **Lorsque** *(when, at the time that)*, and **dès que** *(as soon as)* are used in the same way as **quand.**

---

23 Choisis la phrase de la boîte qui complète chaque phrase.

_____ 1. Je me lève...

_____ 2. Je trouverai un emploi...

_____ 3. Tu reconnaîtras son nom...

_____ 4. Nous sortirons...

_____ 5. La fête aura déjà commencé...

> a. dès que nous aurons fini nos devoirs.
> b. quand nous y arriverons.
> c. dès que je me réveille.
> d. quand j'aurai fini mes études.
> e. lorsque tu l'entendras.

24 Choisis la forme du verbe qui complète la phrase correctement.

1. Dès qu'on _____ (arrête / arrêtera) la déforestation, les choses iront mieux.

2. Lorsque les gens _____ (recyclent / auront recyclé) il y a moins d'accumulation de déchets.

3. Quand nous _____ (comprenons / aurons compris) les dangers que nous faisons subir à notre environnement, nous ferons des efforts pour mieux le protéger.

4. On consommera moins d'essence quand les constructeurs automobiles _____ (produiront / produisent) plus de voitures hybrides.

5. L'atmosphère s'améliorera dès que les usines _____ (utilisent / utiliseront) les éoliennes pour produire de l'énergie.

6. Je suis convaincu que nous aurons déjà détruit la planète lorsque nous _____ (trouverons / aurons trouvé) une solution à l'effet de serre.

Subjunctive after a conjunction

• Certain conjunctions require the **subjunctive** in the clause that follows.

à condition que *(provided that)*	**en attendant que** *(while, until)*
à moins que *(unless)*	**jusqu'à ce que** *(until)*
afin que *(so that)*	**malgré que** *(in spite of the fact that)*
avant que *(before)*	**pour que** *(in order that)*
bien que *(although)*	**pourvu que** *(provided that)*
de sorte que *(so that)*	**sans que** *(without)*

• If the subject of both clauses is the same you can use a preposition followed by the infinitive instead of a conjunction followed by the **subjunctive**.

à moins de	**afin de**	**avant de**	**pour**
sans	**à condition de**	**en attendant de**	

• The indicative, NOT the subjunctive is used after the conjunctions:

parce que, pendant que, depuis que, dès que, quand, lorsque

25 Choisis la forme du verbe qui complète la phrase correctement.

1. Le gouvernement a adopté des lois afin de _____ (protège / protéger) l'environnement.

2. Depuis que cette usine _____ (est / soit) dans la ville, la pollution a empiré.

3. Il faut prendre des mesures avant que la marée noire ne _____ (détruit / détruise) la côte.

4. La pollution continuera à empirer jusqu'à ce que le gouvernement _____ (agit / agisse) pour la contrôler.

5. L'atmosphère ne va pas s'améliorer à moins que nous _____ (fassions / faisons) quelque chose.

26 Complète les phrases suivantes. Attention au temps des verbes.

1. Il y aura toujours de la pollution à moins que tout le monde _____ (faire) plus attention.

2. Les plages atteintes par la marée noire seront nettoyées à condition que tout le monde _____ (aider).

3. Tu recycles tout parce que tu _____ (vouloir) protéger l'environnement.

4. Jusqu'à ce que tous les pays _____ (être) d'accord il y aura des problèmes d'environnement.

Éteindre

- The irregular verb **éteindre** means *to extinguish* a flame or *switch off* some electrical device. Notice that in its present tense conjugation, you drop the **-dre** from the infinitive, and you add a **g** before the **n** in its plural forms.

j'**éteins**	nous **éteignons**
tu **éteins**	vous **éteignez**
il/elle/on **éteint**	ils/elles **éteignent**

- **Éteindre** is conjugated with **avoir** in the **passé composé**. Its participle is **éteint**.
- The verbs **craindre** *(to fear)* and **peindre** *(to paint)* are conjugated like **éteindre.**

---

27 Complète les phrases suivantes avec la forme correcte du verbe entre parenthèses.

1. Les campeurs _____ leur feu de camp. (éteindre)

2. Qui est-ce qui a _____ ce tableau? (peindre)

3. Nous _____ qu'il soit mort. (craindre)

4. J'_____ la lampe avant de m'endormir. (éteindre)

5. Mes parents _____ le salon. (peindre)

6. Tu ne _____ rien! (craindre)

7. Avez-vous _____ le téléviseur? (éteindre)

28 Complète la conversation suivante avec les expressions de la boîte.

nombreuses	**jusqu'à ce que**	**crains**
lorsque	**aucun**	**à moins**

Denis Maman, je _____ que les pesticides soient la

cause de _____ maladies très graves. Les gens

mourront _____ que le gouvernement adopte des

lois qui interdisent l'emploi de pesticides en agriculture!

_____ je mange des légumes, je veux savoir qu'il

n'y a _____ risque! Donc,

_____ je sois rassuré, je ne mangerai plus

d'épinards.

Maman Bien essayé, mon petit. Mais tu ne quitteras pas la table avant d'avoir

manger tous tes légumes!

La société

1 Choisis le mot de la boîte qui correspond à chaque définition.

manifestation	bulletin de vote	point de vue
débat	dictature	monarchie
sondage	immigrant	candidat

1. Une personne qui vient vivre aux États-Unis d'un pays étranger.
   _____

2. Une forme de gouvernement dans lequel un individu prend le contrôle absolu du pouvoir. _____

3. Une personne qui veut devenir président. _____

4. L'événement où deux candidats discutent leurs idées en public.
   _____

5. Un événement où les gens montrent qu'ils ne sont pas contents avec le gouvernement. _____

6. Une forme de gouvernement dans lequel un roi est le chef de l'État.
   _____

7. Une enquête dont le but est de connaître les opinions des gens.
   _____

8. Le papier sur lequel on exprime son vote. _____

9. Tes propres opinions et idées. _____

2 Choisis le mot qui est synonyme ou qui a un sens semblable.

_____ 1. le président

_____ 2. les Républicains et les Démocrates

_____ 3. l'ensemble des personnes qui donnent des conseils au président

_____ 4. Aux États-Unis, ils s'appellent secrétaires.

_____ 5. le suffrage

_____ 6. Il est composé de deux chambres.

_____ 7. C'est une forme de gouvernement.

_____ 8. On y va pour élire un candidat.

a. le parlement
b. le cabinet
c. les ministres
d. le chef de l'État
e. le droit de vote
f. les partis politiques
g. le bureau de vote
h. une république

VOCABULAIRE 1 CHAPITRE **8**

3 Deux mots de vocabulaire sont combinés en un seul mot. Sépare les lettres pour trouver les deux mots. Les lettres sont dans l'ordre correct. Il y a un indice (*hint*) entre parenthèses.

1. S D É É N P A U T T E É U S R S (Parlement)

   _____

2. M C I A N B I I S N T E R T E S (conseils)

   _____

3. P O P L I A T I R Q U T E I (Démocrates)

   _____

4. P C A H R A L M E B M R E E N S T (divisions)

   _____

5. M O A P N P I O F S E I S T T I A O T N I O N (mécontents)

   _____

4 Arrange les mots pour en faire une phrase qui exprime un point de vue.

1. démissionner / le sénateur / concerne / en ce / doit / qui me

   _____

2. vote / droit de / je crois / exercer son / doit / que chacun / ma part /pour

   _____

3. ton / ne / vue / point / partage / de / je / pas

   _____

5 Choisis la phrase de la boîte qui complète chaque phrase. Fais attention aux formes des verbes et à l'emploi du subjonctif.

_____ 1. À ce que l'on prétend, le président...

_____ 2. Il est probable que plusieurs députés...

_____ 3. Selon le sondage, il y a peu de chance que les ados...

_____ 4. À supposer que ce soit vrai, le gouverneur aurait...

a. choisira notre maire pour son cabinet.
b. aillent voter.
c. ont demandé au ministre des Finances de démissionner.
d. voulu donner le droit de vote aux immigrants.

6 Décide si la phrase décrit le gouvernement de la France, celui des États-Unis, ou les deux.

	La France	Les États-Unis
MODÈLE C'est une république.	X	X
1. Les femmes ont le droit de vote.		
2. Le président est élu par le peuple.		
3. Le premier ministre dirige.		
4. On peut voter à l'âge de 18 ans.		
5. On élit un président tous les cinq ans.		
6. Le sénat se compose de 100 membres, deux par état.		
7. Une des chambres est l'Assemblée Nationale.		
8. Le vice-président est élu avec le président.		

7 Choisis les DEUX mots qui vont avec chaque figure historique.

_____ 1. Napoléon   a. premier ministre   g. États-Unis

_____ 2. Elizabeth I   b. dictateur   h. Espagne

_____ 3. Pierre Trudeau   c. empereur   i. France

_____ 4. Hitler   d. président   j. Canada

_____ 5. Lincoln   e. roi   k. Angleterre

_____ 6. Fernando V   f. reine   l. Allemagne

8 Réponds à la question suivante en écrivant des phrases complètes.

1. Est-ce que l'âge de vote devrait être changé? Pourquoi ou pourquoi pas?

_____

_____

_____

_____

_____

La sociéte

Contractions with *lequel (auquel* and *duquel)*

- You first learned the interrogative adjective **quel** *(which?)* followed by a noun. Then you learned the interrogative pronoun **lequel** *(which one?)* used to replace the noun.

    Quel(s) livre(s) achètes-tu?   Quelle(s) voiture(s) achètes-tu?

    Lequel (Lesquels) achètes-tu?   Laquelle (Lesquelles) achètes-tu?

- **Lequel** can also be used as a relative pronoun after a preposition.

    J'ignore la compagnie **pour laquelle** il travaille.

    Voilà le stylo **avec lequel** tu écrivais.

- Whenever **lequel, lesquels** and **lesquelles** follow the preposition **à** or **de**, they must contract, just as the definite articles **le** and **les** do.

    à + lequel = auquel   de + lequel = duquel

    à + lesquels = auxquels   de + lesquels = desquels

    à + lesquelles = auxquelles   de + lesquelles = desquelles

---

9 Remplace les mots *en italique* avec une préposition et la forme qui convient du pronom relatif **lequel.**

   1. C'est une personne *avec qui* je travaille bien.

     _____

   2. Voilà les gens *chez qui* nous avons dîné.

     _____

   3. Qui sont les garçons à côté *de qui* tu habites?

     _____

   4. C'est le candidat *à qui* j'ai parlé.

     _____

10 Combine les deux phrases en utilisant une préposition et une forme du pronom relatif **lequel.**

   1. Il parle à l'homme. L'homme est son oncle.

     L'homme _____ est son oncle.

   2. Il démissionne pour une raison. La raison n'est pas connue.

     La raison _____ n'est pas connue.

   3. Tu connais le marché? J'habite en face du marché.

     Tu connais _____ j'habite?

The past subjunctive

• All of the expressions and conjunctions you learned that must be followed by the subjunctive may also be followed by the past subjunctive to talk about actions that happened or may have happened in the past.

• Form the past subjunctive exactly as you formed the **passé composé,** but use the present subjunctive form of the helping verb (**avoir** or **être**).

Il doute que...	Il est possible que...
j'aie gagné.	je sois sorti(e).
tu aies gagné.	tu sois sorti(e).
il/elle/on ait gagné.	il/elle/on soit sorti(e)(s).
nous ayons gagné.	nous soyons sorti(e)s.
vous ayez gagné.	vous soyez sorti(e)(s).
ils/elles aient gagné.	ils/elles soient sorti(e)s.

---

11 Choisis la forme du verbe qui complète la phrase correctement.

  MODÈLE Je suis content qu'ils **aient gagné** le match hier.

   a. ont gagné   b. gagnent   c. aient gagné

  1. Je doute qu'il _____ son travail hier soir.

   a. a fini   b. ait fini   c. finisse

  2. Il sera élu pourvu qu'il _____ la majorité des votes.

   a. reçoive   b. recevra   c. a reçu

  3. Tu as perdu le débat bien que tu _____ intelligemment.

   a. as parlé   b. parlerait   c. aies parlé

  4. Il ferait n'importe quoi afin d'_____.

   a. être élu   b. élire   c. soit élu

  5. Tu as peur que le ministre _____.

   a. a démissionné   b. ait démissionné   c. démissionnerait

12 Complète les phrases suivantes logiquement.

  1. Elle est contente que le président _____ .

  2. Je n'ai pas voté parce que _____ .

  3. Il sera élu bien que _____ .

  4. J'ai peur que _____ .

  5. Il est impossible _____

APPLICATION 1   CHAPITRE **8**

Adverbs
- Adverbs may be used to modify verbs, adjectives or other adverbs.
- Many adverbs are formed by adding the suffix **-ment** to the feminine singular form of the equivalent adjective.

lourd (masc.)	**lourde (fem.)**	**lourdement**
actif (masc.)	**active (fem.)**	**activement**

- If the masculine form of an adjective ends in a vowel, form the adverb by adding the suffix **–ment** to the masculine singular form of the adjective.

riche (masc.)	**richement**
poli (masc)	**poliment**

- If an adjective ends in **–ant** or **–ent,** drop that ending, replacing it with **–amment** or **—emment** respectively.

brillant	**brillamment**
violent	**violemment**

- Some adverbs do not end in **–ment**. They must be memorized. A few common examples are:

beaucoup	**bien**	**mal**	**très**	**trop**

---

13 Écris la forme féminine de chaque adjectif, et puis l'adverbe qui correspond.

1. lent   _____   _____

2. facile   _____   _____

3. naturel   _____   _____

4. sportif   _____   _____

5. heureux   _____   _____

14 Complète chaque phrase avec l'adverbe qui convient.

1. Il est sincère. Il parle _____.

2. Ils sont attentifs. Ils écoutent _____.

3. Il est poli. Il répond _____.

4. Mon père est prudent. Il conduit _____.

5. Ma sœur est élégante. Elle s'habille _____.

6. Ils sont vigoureux. Ils s'opposent au président _____.

Holt French 3   **90**   Cahier de vocabulaire et grammaire

La société

15 Choisis le mot de la boîte qui complète chaque phrase.

contravention	urgences	sirène
circulation	blessés	constat

1. Le policier dresse le _____ d'accident.

2. L'ensemble des voitures sur la route s'appelle la _____.

3. Si tu conduis trop vite, tu auras une _____.

4. Quand je me suis cassé le bras, mes parents m'ont emmené aux

   _____.

5. Avez-vous entendu la _____? Est-ce que c'est le
   camion des pompiers ou une ambulance?

6. Il y avait deux morts et de nombreux _____ à cause de
   l'incendie.

16 Dis qui pourrait m'aider dans les situations suivantes: **un pompier**, **un policier**,
un ambulancier, ou **un fonctionnaire.**

1. Mon chat a grimpé dans un arbre et il ne peut pas en redescendre.

   _____

2. Mon enfant s'est gravement blessé et doit aller tout de suite aux urgences.

   _____

3. Quelqu'un a volé ma voiture. _____

4. La maison de mon voisin est en feu. _____

5. J'ai perdu mon portefeuille avec tous mes documents importants dedans. Je
   dois les faire refaire. _____

6. J'ai besoin d'un nouveau passeport parce que le mien est expiré.

   _____

7. Mes voisins font tant de bruit à minuit que je n'arrive pas à m'endormir.

   _____

8. Ma fiancée et moi, nous voulons nous marier et nous avons besoin d'un
   certificat. _____

17 Complète chaque analogie d'une manière logique.

    1. conduire : permis :: voyager à l'étranger : _____

        a. avion   b. passeport   c. vacances

    2. danger : Au secours! :: incendie : _____

        a. Au feu!   b. Bravo!   c. Au voleur!

    3. pompiers : camion :: ambulanciers : _____

        a. urgences   b. voiture   c. ambulance

    4. criminels : prison :: blessés : _____

        a. accident   b. urgences   c. église

    5. la France : le 18 :: Les États-Unis : _____

        a. le 411   b. le 911   c. le 50

18 Choisis la phrase de la boîte qui complète chaque phrase. Fais attention aux formes des verbes.

    _____ 1. Il m'a expliqué qu'...

    _____ 2. On m'a informé de...

    _____ 3. On m'a montré où...

    _____ 4. On m'a indiqué comment...

> a. on ne peut pas conduire sans assurance.
> b. qu'un formulaire.
> c. m'inscrire sur les listes électorales.
> d. ton accident de voiture.
> e. aller pour obtenir mon passeport.

19 Écris une phrase que tu pourrais crier dans les situations suivantes.

    1. Tu es tombé(e) dans l'eau et tu ne sais pas nager. _____

    2. Tu prépares le dîner et une casserole prend feu. _____

    3. Un homme te menace avec un pistolet. Il prend tout ton argent et il s'enfuit *(flees)*. _____

    4. Tu es au troisième étage d'un bâtiment qui est en feu. Tu appelles les pompiers en bas. _____

    5. Tu as eu un accident de voiture et il y a quelques blessés. Tu appelles les passants. _____

VOCABULAIRE 2

20 Les expressions *en italique* ne sont pas où elles doivent être. Remets-les avec la phrase correcte.

1. Tu as perdu tous tes papiers et ton argent. Tu vas au commissariat de police et demandes à un policier, «*Appelez le 18!*»

   _____

2. La police a arrêté le criminel *dans un bureau à la mairie.*

   _____

3. Les pompiers *dressent* les incendies. _____

4. La banque a refusé le chèque parce que j'avais oublié d'écrire ma *carte d'identité.* _____

5. Tu as vu un accident de la circulation et il y a plusieurs blessés. Tu cries aux passants, «*Vous serait-il possible de contacter mes parents?*»

   _____

6. Les fonctionnaires travaillent *sur la scène du crime.*

   _____

7. Les policiers *éteignent* les constats d'accident. _____

8. Ma photo se trouve sur ma *signature.* _____

21 Numérote les phrases suivantes dans un ordre logique.

_____ Une voiture allait trop vite. L'homme qui la conduisait parlait sur son mobile et il ne faisait pas attention.

_____ Un policier a dressé le constat d'accident en attendant l'arrivée de l'ambulance.

_____ Il m'a remercié et a demandé ma signature pour le constat.

_____ Deux enfants ont été blessés et une des voitures a pris feu.

_____ Hier soir, j'ai vu un accident qui est arrivé juste en face de chez moi.

_____ J'ai appelé le 18 et très vite la police et un camion de pompiers sont arrivés sur place.

_____ L'autre voiture ne s'était pas arrêtée au feu rouge. La femme qui la conduisait était en train de se maquiller.

_____ Il m'a questionné et je lui ai raconté ce que j'avais vu.

_____ Enfin, les ambulanciers sont arrivés pour emmener les blessés aux urgences.

La société

The conditional
- Form the **conditional** by adding the endings of the **imperfect** to the future stem.
  For regular **–re** verbs, drop the **–e** before adding the endings.

  | chanter | je chanterais | perdre | nous perdrions |

- All verbs that are irregular or have spelling changes in the **future** have the exact
  same changes in the **conditional.**

avoir (aur-)	pouvoir (pourr-)	devoir (devr-)	venir (viendr-)
savoir (saur-)	voir (verr-)	recevoir (recevr-)	vouloir (voudr-)
aller (ir-)	envoyer (enverr-)	être (ser-)	faire (fer-)
acheter (achèter-)		appeler (appeller-)	

---

22 Complète les phrases suivantes avec la forme correcte du **conditionnel** du verbe
entre parenthèses.

1. Mon père _____ content de vous parler. (être)

2. Nous le _____ si nous avions le temps. (faire)

3. Je _____ si je mangeais autant que toi! (grossir)

4. Ils _____ parler à ce candidat. (vouloir)

5. Tu _____ plus prudemment si ta mère était dans la
   voiture. (conduire)

6. Il _____ peur de faire du parachutisme. (avoir)

7. _____-vous chez lui s'il vous invitait? (aller)

8. Il _____ se présenter aux élections. (aimer)

23 Choisis le verbe qui complète chaque phrase correctement.

1. Mon père t'(envoie / enverrait) _____ la lettre s'il
   savait ton adresse.

2. Quand j'aurai assez d'argent, j'(achèterai / achèterais)
   _____ cette voiture.

3. Nous (nous coucherons / nous coucherions) _____ si
   nous avions sommeil.

4. Excusez-moi, Madame, est-ce que vous (saviez / sauriez)
   _____ où se trouve le musée du Louvre?

The verb *vaincre*

- The irregular verb **vaincre** means *to conquer* or *to defeat*. Notice that its present tense conjugation is regular except for the **qu** instead of **c** in its plural forms.

je **vaincs**	nous **vainquons**
tu **vaincs**	vous **vainquez**
il/elle/on **vainc**	ils/elles **vainquent**

- **Vaincre** is conjugated with **avoir** in the **passé composé**. Its participle, **vaincu,** is regular.
- The verb **convaincre** *(to convince)* is conjugated like **vaincre.**
- The expression **être convaincu(e)(s) de** means *to be convinced of.*

---

23 Choisis la forme du verbe qui complète chaque phrase correctement.

1. La recherche n'a pas encore (vainc / vaincu) _____ le cancer.

2. Au XVIIᵉ siècle, les Français (ont vaincu / vainquent) _____ les Indiens Caraïbes.

3. Il ne me (convaincre / convaincra) _____ jamais de changer mon point de vue.

4. Ce n'est pas juste! Ton équipe de foot favorite (vainc / vaincs) _____ toujours mon équipe favorite!

5. Tu (as / es) _____ convaincu de son innocence.

6. Les alpinistes (vainquent / vaincs) _____ les montagnes.

24 Complète les phrases suivantes avec les verbes **vaincre** ou **convaincre.**

1. Nous _____ nos ennemis.

2. Il _____ ses parents de lui acheter une voiture.

3. Elle _____ toujours ses amis de faire ce qu'elle veut faire.

4. Vous ne me _____ pas de voter pour votre candidat.

5. Que font-ils pour _____ le stress dans leur travail?

---

chacun / chacune

- You have seen the adjective **chaque** *(each),* which must be followed by a noun.
- **Chacun(e)** *(each one)* is the equivalent pronoun, allowing you to omit the noun to avoid unnecessary repetition.
- **Chacun(e)** is a singular pronoun which always takes the **il/elle** form of the verb.
- **Chacune** is the feminine form, used when the group includes only feminine nouns.

  J'ai deux sœurs. Chacune parle espagnol.

- When mentioning the group, use **de**+noun or **d'entre**+disjunctive pronoun.

  Chacun **de mes amis...**

  Chacun **d'entre eux...**

---

26 Écris la forme du pronom **chacun** qui complète chaque phrase correctement.

1. Nous avons un chat et un chien. _____ a une personnalité unique.

2. Pour Noël, mes grands-parents envoient un cadeau à _____ de leurs petits-enfants.

3. _____ de nos filles a un emploi important dans le gouvernement.

4. Il s'abonne à deux journaux. Il lit _____ d'entre eux tous les matins.

5. Vous êtes mes meilleures amies! Je me souviendrai de _____ d'entre vous.

27 Récris la phrase en remplaçant les mots soulignés par une forme de **chacun.** Fais tous les autres changements nécessaires.

1. Chaque phrase doit avoir un sujet et un verbe.

   _____

2. Tous les élèves doivent passer le Bac.

   _____

3. Toutes les filles ont leur passeport avec elles.

   _____

4. La police voudrait parler avec chaque témoin.

   _____

L'art en fête

1 Souligne le mot qui ne va pas avec les autres.

1. potier	sculpture	peintre	artiste
2. toile	chevalet	peinture à l'huile	tour
3. cadre	paysage	portrait	nature morte
4. vernissage	palette	exposition	critiques
5. modèle	sculpteur	statue	poterie
6. gravure	croquis	tableau	avis

2 Lis la définition et utilise les lettres données pour former le mot de vocabulaire.

Définition	Lettres	Mot de vocabulaire
1. Je pose pour un sculpteur.	èodmel	
2. Pour me créer, on utilise un tour.	roipete	
3. Je tiens la toile d'un peintre.	vectelha	
4. Je donne mon avis sur une œuvre d'art.	quirtice	
5. Je suis la grande salle où l'artiste expose ses œuvres.	elergia	
6. Je suis de l'art non-représentatif.	baitstar	
7. Je suis l'ensemble des couleurs utilisées par l'artiste.	tapatele	

3 Dessine ton propre exemple de chaque genre de peinture.

un portrait	une nature morte	un paysage	une peinture abstraite

4 Complète chaque analogie de manière logique.

1. opéra : théâtre :: vernissage : _____

    artiste   tableaux   galerie

2. le sculpteur : sculpter :: le peintre : _____

    peindre   peinture   peint

3. paysage : montagnes :: nature morte : _____

    fruits   personnes   arbres

4. biographie : autobiographie :: portrait : _____

    autographe   patriotisme   autoportrait

5 Choisis le mot de la boîte qui complète chaque phrase.

portrait	paysage	autoportrait
statue	abstraite	nature morte

1. Les arbres et les montagnes dans ce _____ me plaisent beaucoup.

2. Je n'ai aucune idée de ce que cette peinture _____ représente.

3. Je n'aime pas cette _____. Ce n'est qu'un bol de fruits!

4. Figure-toi que Van Gogh a peint son _____ après s'être coupé l'oreille!

5. Cette _____ que Rodin a sculptée est aussi grande que toi!

6. Ce _____ qu'on appelle *La Joconde* en français, s'appelle *Mona Lisa* en anglais.

6 Pour chaque question, choisis la bonne réponse dans la boîte.

_____ 1. Comment trouves-tu ces paysages?

_____ 2. Cette exposition t'a-t-elle plu?

_____ 3. Quel est ton avis sur ces œuvres?

_____ 4. Qu'est-ce que tu penses de cet autoportrait?

a. Elles ne sont pas mal!
b. Je l'ai trouvée fascinante.
c. Ils sont très jolis!
d. Ce n'est pas mon style.

7 Les expressions *en italique* ne sont pas où elles doivent être. Mets-les avec la phrase correcte.

1. *Un tour* ne peut pas bouger pendant qu'il pose. _____

2. L'artiste dessine souvent *une statue* avant de peindre.

   _____

3. Le potier utilise *un modèle* pour faire de la poterie.

   _____

4. Le sculpteur crée *un croquis* en marbre (*marble*). _____

8 Utilise les expressions **À propos..., Au fait..., Entre parenthèses..., Pendant que j'y pense...** pour compléter le dialogue suivant.

Maman (1) _____, est-ce que tu as fini tes devoirs?

Marc Non, maman. J'étais en train de ranger ma chambre.

Maman (2) _____ de tes corvées, est-ce que tu as sorti

la poubelle ce soir?

Marc Pas encore, maman.

Maman (3) _____, tu n'as pas mis la table ce soir

non plus.

Marc C'est parce que je faisais mes devoirs avant le dîner.

Maman (4) _____, si tu ne fais pas tes corvées,

tu n'auras pas ton argent de poche.

9 Choisis le mot entre parenthèses qui complète chaque phrase.

1. L'artiste travaillait pour (encadrer / critiquer) _____

plusieurs de ses (palettes / toiles) _____ parce qu'il allait les

(vernissages / exposer) _____ dans une

(galerie / gravure) _____.

2. Le (sculpture / sculpteur) _____ avait dessiné un (croquis

/ paysage) _____ avant de (sculpter / bouger)

_____ son (chef-d'œuvre / aquarelle)

_____.

3. Nous avons assisté à un (tour / vernissage)_____ de

(gravures / chevalets) _____ d'un (peinture / artiste)

_____ inconnu.

L'art en fête

Inversion

- The most formal method is the **inversion** method, which involves attaching the subject pronoun to the end of the verb with a hyphen.

  Vous êtes français.   **Êtes-vous français?**

- A number of rules must be followed when forming a question with **inversion**.

  If the subject of the sentence is a noun, state it first, then invert the verb with the corresponding subject pronoun. **(Marie est-elle artiste?)**

  When inverting with **il/elle/on**, if the verb ends in a vowel, add **-t-** between the verb and subject. **(Va-t-il au musée?)**

  Avoid inversion with **je**, except for a few one-syllable verbs. **(Ai-je raison? / Que sais-je?)**

  In compound tenses, invert the subject and helping verb. **(Avez-vous fini?)**

- Both **est-ce que** and **inversion** may be preceded by a question word or phrase to form an information question rather than a yes/no question.

---

10 Récris chaque question en utilisant l'inversion.

1. Est-ce qu'il fait de la peinture?

   _____

2. Est-ce que vous dessinez mon portrait?

   _____

3. Est-ce que je sais la réponse?

   _____

4. Est-ce que tu as vu ces tableaux?

   _____

5. Est-ce que cet homme au béret est un artiste?

   _____

11 Utilise l'inversion pour poser une question qui correspond à chaque réponse.

1. _____

   Oui, nous peignons les paysages.

2. _____

   Oui, j'ai assisté au vernissage.

3. _____

   Non, elle ne me plaît pas du tout.

Holt French 3   **100**   Cahier de vocabulaire et grammaire

GRAMMAIRE 1   CHAPITRE **9**

> **Present participles used as adjectives**
> - In English, present participles end in **-ing.** In French, present participles are formed by removing the **–ons** from the end of the present tense **nous** form of a verb and adding **–ant. (finir / finissons / finissant)**
> - In English, present participles are most often used to express actions in progress. (*She is painting.*) In French, they are never used to express progressive actions. Simple present tense is used. **(Elle peint.)**
> - Present participles may be used as adjectives. When used in this manner in French, they will agree in number and gender with the nouns they modify.
>
> | **intéresser** | **intéressant** | **une exposition intéressant<u>e</u>** |
> | *to interest* | *interesting* | *an interesting exhibit* |

12 Écris la forme de **nous** du présent, et puis **le participe présent** pour chaque infinitif.

1. fasciner: nous _____ participe présent: _____

2. étonner: nous _____ participe présent: _____

3. énerver: nous _____ participe présent: _____

4. nourrir: nous _____ participe présent: _____

5. changer: nous _____ participe présent: _____

6. suivre: nous _____ participe présent: _____

7. stresser: nous _____ participe présent: _____

8. amuser: nous _____ participe présent: _____

13 Complète chaque phrase avec l'adjectif formé du **participe présent** du verbe entre parenthèses.

1. (sourire) La Joconde est la peinture d'une femme

_____.

2. (troubler) Je trouve les tableaux de Max Ernst _____.

3. (charmer) Ces aquarelles sont tout à fait _____.

4. (choquer) Les idées de cet artiste sont _____.

5. (surprendre) Le succès que vous avez eu est vraiment

_____.

6. (obéir) Votre fille est très sage. C'est une fille _____.

Si versus *oui*

- **Si** and **oui** both mean *yes*, but they are used in different contexts.
- **Oui** is used to respond affirmatively to an affirmative question.

  Vous allez à l'exposition?   **Oui, j'y vais.**

- **Si** is used to respond affirmatively in order to contradict a negatively expressed statement or question.

  Cet artiste n'a pas de talent!   **Mais si, il en a beaucoup.**

  Tu n'aimes pas cette peinture?   **Si, je l'aime beaucoup.**

- Note: The word **si** may also mean *if*.

  Tu ne veux pas aller au musée?   **Si, j'irai si j'ai le temps.**

---

14 Écris une réponse affirmative aux questions ou déclarations suivantes.

1. L'exposition ne vous a-t-elle pas plu?

   _____ .

2. N'aimes-tu pas l'art impressionniste?

   _____

3. Est-ce que ta sœur s'intéresse à la sculpture?

   _____

4. Les gens qui aiment l'impressionnisme ne peuvent pas apprécier l'art abstrait.

   _____

15 Écris une question en utilisant l'inversion pour chaque réponse donnée.

1. _____

   Si, je l'ai beaucoup aimée.

2. _____

   Oui, nous avons appris à l'utiliser.

3. _____

   Si, il s'est inscrit à ce cours.

4. _____

   Oui, j'ai pris des cours de peinture à l'université.

L'art en fête

16 Choisis le mot qui est synonyme ou qui a un sens semblable (*similar meaning*).

_____ 1. la ballerine

_____ 2. l'affiche

_____ 3. le genre

_____ 4. la mesure

_____ 5. la partition

_____ 6. la première

_____ 7. le chef d'orchestre

_____ 8. la tournée

_____ 9. la représentation

_____ 10. l'orchestre

> a. le tempo
> b. le style, le type
> c. les débuts
> d. le voyage
> e. le maestro
> f. le poster
> g. les notes musicales
> h. la danseuse
> i. l'ensemble de musiciens
> j. le spectacle

17 Choisis le mot qui complète chaque phrase. Écris ton choix dans l'espace vide.

1. Une _____ est une danseuse qui porte un tutu.

   baleine ballerine ballet

2. Le cirque a planté son _____ dans la ville.

   chapiteau chapitre chapeau

3. Les danseuses de ballet portent un _____.

   tuyau tuteur tutu

4. Un _____ est un artiste de cirque.

   trappeur trapéziste trapézoïde

5. Les comédies musicales mélangent plusieurs _____.

   genres génies généreux

6. Au cirque, on voit les clowns sur la _____.

   poste peste piste

7. Le chef d'orchestre lit la _____ et dirige les musiciens.

   partition pétition position

8. Nous aimons regarder les _____ au cirque.

   jongleurs jungles joyaux

18 Souligne le mot qui ne va pas avec les autres.

1. comédie musicale	chant	théâtre	jongleur
2. chapiteau	orchestre	partition	violoniste
3. trapéziste	clown	jongleur	ouvreuse
4. tutu	ballerine	chorégraphie	cirque
5. représentation	décor	spectacle	première

19 Choisis le mot de la boîte qui complète chaque phrase.

l'ouvreuse	le clown	la piste
le chef d'orchestre	applaudir	le ballet

1. C'est l'endroit au cirque où les clowns jouent la comédie.

   _____

2. C'est ce que font les spectateurs pour montrer qu'ils ont aimé un spectacle.

   _____

3. C'est la personne qui dirige l'orchestre avec sa baguette.

   _____

4. C'est la femme à l'opéra, au ballet ou au cinéma qui amène les gens à leur place. _____

5. C'est un personnage au cirque qui amuse les gens et les fait rire.

   _____

6. C'est un genre de danse classique. _____

20 Complète chaque analogie de manière logique.

1. ballerine : théâtre :: trapéziste : _____

   trapèze   cirque   ballet

2. clown : piste :: ballerine : _____

   scène   décor   danse

3. orchestre : partition :: danseurs : _____

   tournée   chorégraphie   mesure

4. poster : affiche :: grande tente : _____

   cirque   première   chapiteau

21 Choisis l'expression qui complète chaque phrase.

_____ 1. Ça me fait penser...

_____ 2. Ils ont l'air...

_____ 3. J'ai l'impression que(qu')...

_____ 4. J'ai l'impression de(d')...

_____ 5. On dirait ...

> a. avoir manqué quelque chose.
> b. de s'amuser sur scène.
> c. à une symphonie de Mozart.
> d. que c'est la première.
> e. le pianiste n'est pas en mesure.

22 Écris une réponse aux questions suivantes. Utilise l'expression entre parenthèses dans ta réponse.

1. Est-ce que ça vaut la peine d'acheter un CD de ce chanteur? (**vaut le coup**)

_____ .

2. Est-ce que tu me recommandes d'aller à l'opéra? (**plutôt**)

_____

3. Est-ce que je dois aller voir ce chanteur en concert? (**chanter faux**)

_____

4. Est-ce que tu aimerais voir cette comédie musicale? (**sur scène**)

_____

5. Est-ce que le ballet a plu aux spectateurs? (**applaudir**)

_____

23 Décris l'image ci-dessous.

_____

_____

_____

_____

_____

_____

_____

L'art en fête

The comparative and superlative

- For comparatives and superlatives of nouns, adjectives and adverbs, follow the patterns below.

Comparative of nouns:

plus de
autant de } noun } **que**
moins de

Comparative of adjectives or adverbs:

plus
aussi } adjective / adverb} **que**
moins

Superlative of adjectives that precede the noun:

le
la } **plus** / **moins** } adjective+noun} **de**+name of group
les

Superlative of adjectives that follow the noun:

le
la } noun } **le** / **la** / **les** } **plus** / **moins** } adjective} **de**+group
les

Superlative of adverbs:

le } **plus** / **moins** } adverb} **de**+group

---

24 Écris une phrase en utilisant le comparatif ou le superlatif.

1. Jean-Pierre / garçon / + / intelligent / classe

   _____

2. Annick / + / petite / fille / famille

   _____

3. Mon père / = / strict / ma mère

   _____

4. Tu / = / argent / moi

   _____

5. Marion / + / amusante / des élèves

   _____

GRAMMAIRE 2

Demonstrative pronouns

- You first learned the demonstrative adjectives **ce / cet / cette / ces,** which preceded nouns to indicate which things *(this / that / these / those)* you were talking about.
- You then learned that the noun could be omitted by using demonstrative pronouns.

  celui *(this one)* replaces **ce** or **cet**+masculine singular noun.

  celle *(this one)* replaces **cette**+feminine singular noun.

  ceux *(those)* replaces **ces**+masculine plural noun.

  celles *(those)* replaces **ces**+feminine plural noun.

- Demonstrative pronouns cannot stand alone. They may be followed by:

  the words **–ci** or **–là** *(here or there)* attached with a hyphen to indicate location.

  <u>Celui-ci</u> **est à moi,** <u>celui-là</u> **est à toi.** *This one is mine, that one is yours.*

  the preposition **de**+noun.

  Cette sculpture de Brancusi me plaît plus que <u>celle de</u> **Picasso.**

  a relative pronoun.

  Tu préfères ces tableaux-ci ou <u>ceux que</u> **tu as achetés l'année dernière?**

---

25 Écris la forme correcte du pronom démonstratif dans chaque espace vide.

    1. Préfères-tu le décor de cette comédie musicale ou _____ de l'opéra que nous avons vu la semaine dernière?

    2. L'ouvreuse nous a demandé si nous voulions prendre ces places-là ou _____-ci.

    3. C'est la symphonie de Beethoven ou _____ de Mozart?

    4. Vous achetez ces tableaux-ci ou _____ que Picasso a peints?

    5. À mon avis, la musique de Bach est meilleure que _____ de Stravinsky.

    6. Le croquis que j'ai dessiné est plus joli que _____ que tu as dessiné.

26 Remplace les mots soulignés avec la forme correcte du pronom démonstratif.

    1. <u>Cette femme</u>-là est pianiste. _____

    2. <u>Cet homme</u> qui parle au violoniste, c'est le chef d'orchestre. _____

    3. <u>Ces gens</u> qui applaudissent ont aimé le spectacle. _____

    4. Tu as vu <u>ces affiches</u>-ci? _____

    5. Les clowns sont <u>ces personnages</u> qui me font rire. _____

Cahier de vocabulaire et grammaire

Review of *savoir* versus *connaître*

SAVOIR		CONNAÎTRE	
je **sais**	nous **savons**	je **connais**	nous **connaissons**
tu **sais**	vous **savez**	tu **connais**	vous **connaissez**
il/elle/on **sait**	ils/elles **savent**	il/elle/on **connaît**	ils/elles **connaissent**

• Use **savoir** to say that someone *knows*:

   a fact or piece of information.

   how to do something (**savoir** + infinitive)

   something by heart (**savoir par cœur**)

• Use **connaître** to say that someone *is acquainted or familiar with*:

   another person or a place.

   a particular subject.

---

27 Écris la forme correcte de **savoir** ou **connaître** dans chaque espace vide.

   1. Ma mère _____ bien l'œuvre de Debussy.

      connaît   sait   savent

   2. Mes deux cousines _____ jouer du violon.

      sais   savent   connaissent

   3. Tu ne _____ pas le nom de cet artiste.

      connais   sait   sais

   4. Je ne _____ pas cet opéra.

      savez   connais   sais

   5. _____-vous où se trouve le musée d'art moderne?

      connaissons   connaissez   savez

28 Est-ce que tu connais ou est-ce que tu sais les choses suivantes?

   1. ton cours d'histoire _____

   2. l'heure _____

   3. Jennifer Aniston _____

   4. la France _____

   5. les amis de tes parents _____

   6. parler espagnol _____

Bon voyage!

1 Souligne l'expression qui ne va pas avec les autres.

1. équipage	hôtesses de l'air	passagers	bagages
2. sans escale	direct	douane	intérieur
3. passeport	douane	décalage horaire	bagages
4. décoller	allée	atterrir	piste
5. à bord	sur la piste	dans la cabine	dans l'avion
6. confirmer	réserver	annuler	prévenir

2 Complète chaque analogie d'une manière logique.

1. monter : descendre :: décoller : _____

      avion   atterrir   piste

2. la mer : nager :: le ciel : _____

      voler   oiseau   bleu

3. passagers : cabine :: commandant de bord : _____

      pilote   équipage   cockpit

4. maison : fenêtre :: avion : _____

      porte   hublot   cabine

5. voiture : rouler :: avion : _____

      vol   voler   pilote

6. voiture : conduire :: avion : _____

      annuler   atterrir   piloter

3 Choisis l'antonyme ou l'expression qui a un sens opposé.

_____ 1. un vol avec escale

_____ 2. un vol intérieur

_____ 3. confirmer

_____ 4. embarquer

_____ 5. atterrir

_____ 6. déjà

_____ 7. hall d'arrivée

a. un vol international
b. salle d'embarquement
c. un vol direct
d. décoller
e. annuler
f. pas encore
g. débarquer

VOCABULAIRE 1   CHAPITRE **10**

4 Choisis la personne qui fait chaque activité.

_____ 1. ...donne l'autorisation de décoller.

_____ 2. ...doit enregistrer ses bagages.

_____ 3. ...sert les boissons.

_____ 4. ...parle à la tour de contrôle.

_____ 5. ...attend dans la salle d'embarquement.

_____ 6. ...donne les consignes de sécurité.

_____ 7. ...choisit un siège près du hublot.

_____ 8. ...pilote l'avion.

> a. Le commandant de bord
> b. La tour de contrôle
> c. Le passager
> d. L'hôtesse de l'air

5 Choisis le mot qui complète la phrase.

_____ 1. Un vol de Chicago à Denver est un vol _____.

    a. intérieur   b. international   c. escale

_____ 2. Le groupe de personnes qui travaille dans l'avion s'appelle

    _____.

    a. l'équipage   b. les bagages   c. la cabine

_____ 3. Pour voyager à l'étranger, il faut avoir un _____.

    a. décalage horaire   b. passeport   c. vol direct

_____ 4. On a _____ à deux valises quand on va en Europe en avion.

    a. gauche   b. raison   c. droit

_____ 5. Les avions atterrissent sur _____.

    a. la piste   b. le ciel   c. la douane

_____ 6. Le commandant de bord est resté dans _____ pendant le vol.

    a. le siège de l'allée   b. la tour de contrôle   c. le cockpit

6 Décide si chaque phrase est vraie (**v**) ou fausse (**f**).

_____ 1. Il existe des vols sans escale de New York à Paris.

_____ 2. Les avions atterrissent sur la piste.

_____ 3. On peut voyager des États-Unis en Europe sans passeport.

_____ 4. Il faut passer la douane chaque fois qu'on voyage en avion.

_____ 5. C'est toujours le commandant de bord qui donne les consignes de sécurité aux passagers.

_____ 6. Le commandant de bord est rarement celui qui pilote l'avion.

7 Écris une question qui convient pour chaque réponse donnée.

1. _____

   Vous avez de la chance, on en a encore une près du hublot.

2. _____

   On en a droit à deux maximum sur les vols internationaux.

3. _____

   Oui, je l'ai toujours sur moi quand je voyage.

4. _____

   Non, je ne l'ai pas encore confirmé. Je le ferai demain matin.

5. _____

   Rassure-toi. J'ai vérifié que c'est un vol non-fumeurs.

8 Remets les phrases dans l'ordre chronologique.

_11_   1. L'avion atterrit.

_____   2. L'avion décolle.

_1_   3. Je vais à l'agence de voyages pour réserver une place dans l'avion.

_____   4. J'arrive à l'aéroport deux heures en avance.

_____   5. J'embarque avec les autres passagers.

_____   6. Tous les passagers débarquent.

_____   7. Pendant le vol, je prends une boisson en regardant un film.

_4_   8. J'enregistre mes bagages et reçois ma carte d'embarquement.

_____   9. J'attends dans la salle d'embarquement.

_8_   10. Avant le décollage, j'écoute l'hôtesse de l'air qui donne les consignes de sécurité.

_____   11. Dans la cabine, je prends mon siège près de l'allée.

_____   12. Avant de partir pour l'aéroport, je téléphone à la compagnie aérienne pour confirmer mon vol.

Prepositions with places

• Use the following prepositions with geographical names.

	to, at	from	exceptions
before CITIES	à	de	au/du Havre; au/du Caire
before GEOGRAPHICAL AREAS*			
masculine singular	au	du	states often use **dans le** instead of **au**
feminine singular	en	de	
starting with vowel	en	d'	states often use **dans l'** instead of **en**
plural	aux	des	

*These include countries, states, continents and provinces

• Countries ending in **–e** are generally feminine; all others are masculine. Two exceptions are **le Mexique** and **le Cambodge.**

• States generally follow the same rule, except that Delaware, Maine, Rhode Island, Tennessee and all four states beginning with "New" are masculine.

9 Choisis la préposition qui convient.

1. Nous voyagerons _____ (en / à / dans) Europe l'été prochain.

2. Mon ami est québécois. Il habite _____ (en / au / à) Canada.

3. Disney World se trouve _____ (à / en / dans) Orlando.

4. Je viens de passer trois semaines _____ (dans / en / au) Pérou.

5. Tu as un bel accent. Viens-tu _____ (du / d' / de l') Irlande?

6. Mon père est _____ (du / dans / de) Mexique.

7. Ils arrivent _____ (de / des / d') États-Unis.

10 Complète les phrases suivantes avec la bonne préposition.

1. Mes parents iront _____ Chicago _____ Sacramento.

2. Nous voyageons _____ Texas _____ Floride.

3. Ta sœur va _____ Grèce et _____ Bahamas.

4. Je vais _____ Paris et après _____ Londres.

The subjunctive

- Remember that you form the **subjunctive** of all regular verbs by replacing the **-ent** ending of the **ils/elles** form of present tense with the **subjonctif** endings:

        -e   -es   -e   -ions   -iez   -ent

- Some verbs have two different **subjunctive** stems. Verbs that have different stems for **ils/elles** and **nous/vous** in the present tense (**prendre, voir, venir, etc.**) will use their **nous/vous** stem for **nous** and **vous** in the **subjonctif**, and their **ils/elles** stem for all other forms.

        Présent   **voir:** nous voyons / ils voient

        Subjonctif   voie, voies, voie, voyions, voyiez, voient

- **Aller, faire, être** and **avoir** are all irregular in the **subjonctif**. **Aller (...que j'aille)** and **faire (...que je fasse)** take regular endings; **avoir** and **être** do not.

        avoir: aie, aies, ait, ayons, ayez, aient

        être: sois, sois, soit, soyons, soyez, soient

- Use the subjunctive in dependent clauses after expressions of **necessity, desire, emotion, doubt** or **disbelief, possibility,** and **negative** or **interrogative expressions of certainty.**

- Also use the **subjunctive** after certain conjunctions such as: **avant que, bien que, jusqu'à ce que, pour que,** etc.

---

11 Utilise les éléments donnés pour écrire une phrase.

1. Je / ne pas croire / l'avion / atterrir à l'heure

   _____

2. Il est important / vous / écouter / les consignes de sécurité

   _____

3. Nos familles / attendre dans le hall d'arrivée / jusqu'à ce que / nous / débarquer

   _____

12 Utilise la forme correcte des verbes de la boîte pour compléter les phrases.

aller	faire	être	avoir

1. Je doute qu'il y _____ des places près du hublot.

2. Voulez-vous que je _____ les réservations?

3. Il faut que tu _____ voir les pyramides en Égypte!

4. J'ai peur que mon vol _____ annulé.

Adverbs placement
- When adverbs modify adjectives or other adverbs, they generally precede them.
- When adverbs modify verbs in simple tenses, they generally follow the verb.
- When adverbs modify verbs in compound tenses, they generally precede the past participle.
- Longer adverbs dealing with time (**d'habitude, quelquefois**) may go either at the beginning or end of the sentence.

13 Récris chaque phrase en utilisant l'adverbe qui correspond à l'adjectif entre parenthèses.

1. (vrai) Ce vol est _____ long.

2. (patient) Nous attendons _____ l'arrivée du vol.

3. (attentif) Les passagers écoutent _____ les consignes de sécurité.

4. (général) L'avion pour Paris part _____ l'après-midi.

5. (doux) L'hôtesse de l'air parle _____ à l'enfant qui pleure.

6. (rare) Nous arrivons _____ en retard.

7. (complet) Restez assis jusqu'à ce que l'avion s'arrête

_____ .

14 Récris chaque phrase en plaçant l'adverbe correctement.

1. (beaucoup) Mes parents aimeraient aller à Tahiti.

_____

2. (déjà) Avez-vous fait les réservations?

_____

3. (quelquefois) On annule des vols à cause des orages.

_____

4. (souvent) Je souffre du décalage horaire.

_____

Bon voyage!

15 Choisis le mot qui NE PEUT PAS compléter la phrase.

_____ 1. Une voiture ne peut pas rouler sans _____.

      a. essence   b. pression   c. pneus

_____ 2. J'ai téléphoné au mécanicien afin de faire réparer _____.

      a. le moteur   b. le gasoil   c. les freins

_____ 3. Ouvrez _____, s'il vous plaît.

      a. le pare-brise   b. le capot   c. la portière

_____ 4. En conduisant, mon regard va alternativement entre la route et le _____.

      a. réservoir   b. tableau de bord   c. rétroviseur

_____ 5. On met du _____ dans le réservoir.

      a. gasoil   b. super   c. plomb

_____ 6. On peut _____ afin de ralentir.

      a. démarrer   b. changer de vitesse   c. freiner

16 Choisis le mot qui complète l'expression à gauche.

_____ 1. le pare-...

_____ 2. les essuie-...

_____ 3. la pompe à...

_____ 4. l'essence sans...

_____ 5. le changement de...

_____ 6. faire le...

_____ 7. la pédale d'...

a. embrayage
b. brise
c. glaces
d. plein
e. vitesse
f. plomb
g. essence

17 Décide si chaque phrase est vraie (**v**) ou fausse (**f**).

_____ 1. La roue de secours se trouve généralement dans le coffre.

_____ 2. Pour arrêter la voiture, il faut klaxonner.

_____ 3. On utilise une pompe à essence pour régler la pression des pneus.

_____ 4. On conduit la voiture avec le volant.

_____ 5. On va à l'agence de location pour acheter une maison.

_____ 6. On peut trouver le moteur d'une voiture sous le capot.

18 Décide ce qu'on doit faire dans chaque situation.

_____ 1. On va tomber en panne d'essence.

_____ 2. On a un pneu plat.

_____ 3. Le pare-brise est sale.

_____ 4. Il fait nuit.

_____ 5. On ne sait pas se garer.

_____ 6. La voiture ne s'arrête pas.

> a. On doit passer le volant à quelqu'un.
> b. On doit utiliser la roue de secours.
> c. On doit allumer les phares.
> d. On doit mettre les essuie-glaces en marche.
> e. On doit faire le plein.

19 Choisis le mot qui complète chaque phrase.

1. Ma voiture est tombée en _____ (panne / frein) sur l'autoroute.

2. Le mot _____ (essuie-glaces / pare-brise) veut dire "défendre du vent."

3. On conduit la voiture avec le _____ (volant / capot).

4. Je vois les voitures derrière moi dans le _____ (rétroviseur / coffre).

5. On entre dans la voiture par la _____ (portière / pompe).

6. On met du _____ (gaz / gasoil) dans le réservoir d'un camion.

7. Mon changement de vitesse n'est pas automatique. Il est _____ (embrayage / manuel).

20 Cherche et encercle les réponses aux questions de l'activité 19. Les lettres qui restent formeront une phrase de conseil.

```
F M A L I T E S P L A
R A É I V I S I O O N
D N E O V O S V R O I
R U E S I V O R T É R
T E P A N N E U I R E
S L R G É G U L È I È
R E E S I R B E R A P
T N A L O V M E E N T
```

Le conseil est: _____

VOCABULAIRE 2   CHAPITRE **10**

21 Mets les mots en ordre pour former des phrases. Ensuite, associe chaque
problème à la solution qui convient.

Problème	Solution
—ma voiture / tu peux / est-ce que / à garer / m'aider	—mieux de / tu ferais / le pare-brise / faire laver
—ne veut / le moteur / pas démarrer / aide-moi	—le volant / bien sûr / passe-moi
—changer / sais pas / je ne / la vitesse	—d'embrayage / la pédale / appuyez sur
—arrive pas / la route / je n' / à voir	—je vais / ouvre / le regarder / le capot

Problème _____

Solution _____

Problème _____

Solution _____

Problème _____

Solution _____

Problème _____

Solution _____

22 Écris une question pour obtenir l'information donnée. Utilise l'expression entre
parenthèses dans la question.

MODÈLE l'entrée de l'autoroute pour Dijon (vous savez)
       Savez-vous où est l'entrée de l'autoroute pour Dijon?

1. la sortie pour visiter le palais (il faut prendre)

   _____

2. le chemin le plus rapide pour aller à Versailles (quel)

   _____

3. comment rejoindre l'autoroute (on peut)

   _____

4. une route où il n'y a pas d'embouteillages (il existe)

   _____

Bon voyage!

The future
- Remember that you form **le futur** by adding future endings to the infinitive. For regular **-re** verbs, you must drop the final **-e** before adding the ending.
- Future endings are the same for ALL verbs and are similar to the forms of **avoir**.

    -ai,   -as,   -a,   -ons,   -ez,   -ont

- Verbs with spelling changes in the present tense keep those changes in the **future** tense: **acheter/achèterai; appeler/appellerai; jeter/jetterai; essayer/essaierai.**
- You have seen a number of verbs with irregular stems in the future tense:

avoir (aur-)	**pouvoir** (pourr-)	**devoir** (devr-)	**vouloir** (voudr-)
savoir (saur-)	**voir** (verr-)	**devenir** (deviendr-)	**être** (ser-)
faire (fer-)	**envoyer** (enverr-)	**venir** (viendr-)	**aller** (ir-)

23 Choisis le verbe au **futur** qui complète chaque phrase.

_____ 1. Tu _____ peur.

_____ 2. Il _____ beau demain.

_____ 3. Ils _____ en retard.

_____ 4. Nous _____ à Paris en avion.

_____ 5. Vous _____ à la fête chez moi?

_____ 6. Je _____ ce film pendant mon vol pour l'Angleterre.

_____ 7. On _____ le paquet demain.

_____ 8. Elles _____ bientôt la vérité.

a. sauront
b. enverra
c. irons
d. fera
e. verrai
f. viendrez
g. seront
h. auras

24 Récris chaque phrase au **futur**.

1. Je change le pneu plat.

_____

2. Le mécanicien ouvre le capot.

_____

3. La voiture ralentit au coin de la rue.

_____

4. Les essuie-glaces nettoient le pare-brise.

_____

The past perfect
- Remember to use the **past perfect** (**le plus-que-parfait**) to say that one past event preceded another.
- Form the **past perfect** exactly as you form the **passé composé** but put the helping verb in the **imperfect**. The choice of helping verb (**avoir/être**) and all rules for agreement of past participles remain the same.

passé composé:	J'ai fini.	Ils se sont regardés.
past perfect :	J'avais fini.	Ils s'étaient regardés.

---

25 Utilise la forme correcte du **plus-que-parfait** du verbe entre parenthèses pour compléter les phrases.

1. Le conducteur _____ les phares avant de démarrer. (allumer)

2. Papa allait mettre de l'essence dans le réservoir, mais il a trouvé que quelqu'un _____ le plein. (faire)

3. On m'a dit que ton cousin _____ un accident. (avoir)

4. J'ai lu que le prix de l'essence _____ pendant mon absence. (augmenter)

5. Le policier m'a demandé si vous _____ au coin. (ralentir)

6. Avez-vous remarqué où elle _____? (se garer)

7. Il n' _____ pas _____ dans le rétroviseur avant de démarrer. (regarder)

8. Je me suis demandé si le mécanicien _____ la pression des pneus. (régler)

26 Mets chaque phrase au **plus-que-parfait.**

1. Je me suis fâché dans l'embouteillage.

   _____

2. Vous m'avez aidé à changer le pneu plat.

   _____

3. Il réserve une voiture dans une agence de location.

   _____

4. Nous ralentissons avant de changer de vitesse.

   _____

The causative faire

- Use the **causative faire** to say that someone is getting or having something done.
- Put the verb **faire** in the proper tense, followed by the **infinitive** of what the person is having done.

    Je fais laver ma voiture.   *I have (am having) my car washed.*

    Elle a fait réparer sa voiture.   *She had (got) her car repaired.*

- If the action being done is reflexive, place the reflexive pronoun before the form of **faire**.

    Je me fais couper les cheveux.   *I have my hair cut.*

- If the action being done is reflexive, remember to use **être** as the helping verb in the **passé composé**.

    Je me suis fait couper les cheveux.   *I had my hair cut.*

---

27 Décide si Marc fait chaque activité lui-même ou s'il la fait faire.

	Il la fait lui-même	Il la fait faire
MODÈLE Marc se fait couper les cheveux.		X
1. Marc a fait faire un gâteau.		
2. Marc va installer une piscine.		
3. Marc a peint les murs du salon.		
4. Marc se fait faire une chemise.		
5. Marc fera développer ses photos.		
6. Marc a fait la vaisselle.		

28 Récris chaque phrase en suivant le modèle. Fais attention au temps du verbe.

    MODÈLE Il répare sa voiture?   Non, il fait réparer sa voiture.

    1. Elle lave les fenêtres? _____

    2. Il a nettoyé les vêtements? _____

    3. Ils vont garder les enfants? _____

    4. Elles livreront les fleurs? _____

    5. Elle se coiffe? _____

    6. Il avait tondu la pelouse? _____